は じ め に

...として起業して25年目となりました。

...10年間は、労働トラブル解決のための処方箋として、就業
...底的にこだわり、会社を守るというスタンスを中心に仕事
...ました。

...きやすい労働トラブルを想定し、過去の判例などを研究し
...業規則の規定のしかたにこだわり、リスクヘッジしていくと
...どおり、対症療法です。

...チの就業規則は、できてきました。たしかに、労働トラブ
...にならないケースも多くなりました。

...、相変わらず労働トラブルの発生自体を根絶させることは
...んでした。

...、あまりに厳しい労務ルールが徹底されていくと、職場は
...してしまい、そこで働く社員さんたちが心から会社への愛
...をもてていない様子をありありと感じました。

...、そのはずです。

...に立って対策を立てているのですから、その思想、文化は、
...いている社員の心に影響が及ばないはずはありません。
...として10年かけて、労働トラブルの根絶には、対症療法で
...あり、功を奏さないと学んだのです。

...る組織において、大問題化しつつある「パワーハラスメン
...ワハラ）問題も、まったく同根です。
...プライアンス対応は、もちろん大事です。
...、それだけでは対症療法ですので根絶は不可能です。
...ラのような労働トラブルが起きる余地のない職場をつくる
...、人を大切にする組織風土、企業文化を根づかせる経営人
...ジメントを実践していくことが、きわめて大事で重要です。

パワハラが
職場のつ

人本社労士の会 代表
社会保険労務士
小林秀司＋人本社労

社労
開業
規則に
をして
よく
て、就
いう文
ガチ
ルは
しか
でき
そ
ギス
着や

そ
性
そこ
社
は限

あ
ト」
こ
し
た
事

アニモ出版

社労士開業後の後半の15年間は、クライアントにその指導をひたすら行なってきました。

　気づくと、直接指導した先は150社を超えました。

　そのすべての組織では、パワハラはおろか、労働トラブルの発生がほぼ皆無という状態になっています。

　その体験をもとに、いかにしてパワハラと無縁の組織づくりを実現させていくか、このたび書き下ろしをさせていただきました。

　ぜひ、多くの経営者、経営幹部、人事担当者、社労士や士業の方々において、健全な職場づくりの一助として役立てていただければ幸いです。

　2022年4月吉日

人本社労士の会 代表

社会保険労務士　小林　秀司

本書の内容は、2022年4月15日現在の法令等にもとづいています。

パワハラがない職場のつくり方
もくじ

はじめに

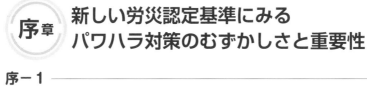

序章 新しい労災認定基準にみる
パワハラ対策のむずかしさと重要性

序－1 ―――――――――――――――――――――― 12
2021年10月、
パワハラ労災認定基準の流れが変わった！

序－2 ―――――――――――――――――――――― 14
新基準では何をもってパワハラ労災と認定されるのか

序－3 ―――――――――――――――――――――― 20
パワハラ対策を考えるうえで留意すべきこと

コンプライアンス編

1章 パワハラ防止法を理解して
対策を講じよう

1－1 ―――――――――――――――――――――― 24
いま、どのくらいの社員が
パワハラを受けていると感じているのか

1-2 ——————————————————————— 26

パワハラを引き起こす企業組織にとっての真の問題とは

1-3 ——————————————————————— 28

何がパワハラとなるか明確に押さえておく

1-4 ——————————————————————— 35

パワハラ防止のために講ずべき措置

1-5 ——————————————————————— 37

パワハラ防止対策の労務施策と
自社に合った形での実施の検討

1-6 ——————————————————————— 47

パワハラの根絶に向けて最も重要なことは

マネジメント編

2章 人を大切にする経営（人本経営）を理解して パワハラがない職場づくりを実践しよう

2-1 ——————————————————————— 52

幸せ軸経営と業績軸経営
　　◎関係の質を究極に高め続けていく人本経営　58

2-2 ——————————————————————— 64

企業社会の現在の状況

2-3 ——————————————————————— 68

「業績軸から幸せ軸」ということの意味

2-4 ——————————————————————— 73

人本経営にカジを切っているクライアント先の現在
　　◎幸せ軸がぶれない3つの視座　77

3章 人本経営のデファクトスタンダード「伊那食品工業」

3−1 ————————————————————— 80
先駆企業のベンチマークはきわめて価値ある経営課題

3−2 ————————————————————— 81
利益が先か、人本が先か

3−3 ————————————————————— 86
100年先のために今日大事にしたい3つの心がけ

3−4 ————————————————————— 94
伊那食品工業に学び、実践していきたいこと

4章 人本経営を実現するための10のプロセス

4−1 ————————————————————— 99
何のための会社、仕事なのか幸せ軸で明確にする

4−2 ————————————————————— 101
その価値観にあった人財を採用していく

4−3 ————————————————————— 102
「いい会社」の指標を理解して実現をめざす
　　◎人本経営に成功した
　　　幸せ軸の「いい会社」といえる35の基準　103〜104

4−4 ————————————————————— 107
いいものをつくるだけでなく、売る努力をする

4−5 ————————————————————— 113
直接的な社会貢献行動

4−6 ————————————————————— 115
「いい会社」ベンチマーク視察の定期的実施

4－7 —————————————————————— 117
効果定点測定〜「社員意識調査」の実施
　◎「社員意識調査票」のサンプル　127〜130

4－8 —————————————————————— 135
社員満足度に変わる「エンゲージメント」という概念
　◎エンゲージメント度合を強く堅くする12の要素　136
　◎「自己申告シート」のサンプル　138

4－9 —————————————————————— 140
失敗事例に学ぶ教訓

5章 支援型リーダーの必要性とその養成のしかた

5－1 —————————————————————— 154
変化するリーダーの役割。「支配」から「支援へ」

5－2 —————————————————————— 158
支援型リーダーシップに求められる10の基本行動

5－3 —————————————————————— 164
実践的な「傾聴」ノウハウ

5－4 —————————————————————— 168
承認欲求を満たして自主性の継続をはかる

5－5 —————————————————————— 170
心理的安全性の高い組織づくりへ

6章 対話力ある組織づくりの実践のしかた

6−1 ——————————————————————— 172
職場に心理的安全性を創るオフサイトミーティングとは

6−2 ——————————————————————— 174
オフサイトミーティング導入による会議革命の実現

6−3 ——————————————————————— 178
成功確率が高まる傾聴力が
身についたリーダーのいる組織

6−4 ——————————————————————— 180
合意形成の威力を知っておこう

6−5 ——————————————————————— 183
社風をよくしていくためには何をしたらよいか

7章 人間力を基軸とした新しい経営人事マネジメントの実践

7−1 ——————————————————————— 190
パワハラ防止に向けて不可欠となる「人間力」

7−2 ——————————————————————— 194
人間力重視型人事考課制度とは

7−3 ——————————————————————— 202
人本主義型人事考課制度の構築への挑戦

7−4 ——————————————————————— 208
人間力をどう評価するか

終章 人的資本経営と人本経営はここが違う!

- 「人本」経営か「人的資本」経営か　210
- 人的資本経営とは　210
- 人的資本の国際基準ISO30414の誕生　210
- 人的資本経営はファイナンスの問題　211
- 人を大切にする経営の威力を無視できなくなった投資家　211
- 「人材」は資本なのか　212
- 人を資本ととらえない人本経営　213
- 人本経営の「本」の意味　214
- 上場企業は変われるか　214
- いまこそ、業績軸から幸せ軸へ　215
- 惑わされず人本経営の道を進む　215
- 人的資本経営に潜む陥穽　216

事　例　編

- 理念経営①…社長が理念の上にいるのか、下にいるのか　218
- 理念経営②…理念経営で社風をよくするベースをつくる　220
- 理念採用①…求人広告を幸せ軸に刷新し
　　　　　　　人手不足の解消に成功　222
- 理念採用②…期待人材像の作成研修を実施　224
- 理念浸透の工夫…会社紹介で社風を伝える　226
- 風土改革①…働き方改革時代の
　　　　　　　新しい福利厚生「クラブ活動」　230
- 風土改革②…ピラミッド型組織からフラット型組織へ　234
- 人づくり①…管理職全員で人本経営を学ぶ　237

●人づくり②…勝利ではなく幸せをもたらす人本経営　239

●実録：業績軸から幸せ軸へ…

　　　　　人を大切にする人本経営改革物語　243

●ステークホルダー重視①…協力会社とともに学ぶ　246

●ステークホルダー重視②…

　　　　「社長の奥さん応援講座」の開催　248

●ダイバーシティ…間違いだらけだった高齢者の雇用　250

●エンゲージメント①…

　　　　「機器類個人購入制度」の実施・運用　252

●エンゲージメント②…「改善提案制度」の実施・運用　256

●創業間もない社長への提言…

　　　　　助成金を活用してパワハラ撲滅　260

●再発防止の要点…

　　　　　再発防止に重要なパワハラ行為者へのケア　264

おわりに　266

人本社労士の会とは　268

カバーデザイン◎水野敬一
本文ＤＴＰ＆図版◎伊藤加寿美（一企画）

序 章

新しい労災認定基準にみる
パワハラ対策のむずかしさと重要性

2021年10月、パワハラ労災認定基準の流れが変わった！

衝撃のパワハラ労災逆転判決

2020年6月1日より、改正労働施策総合推進法（いわゆる「パワハラ防止法」）が施行されました。

職場内の「パワーハラスメント」（＝パワハラ）を防止する規定が盛り込まれていることから、パワハラ防止法と呼ばれています。

大企業は2020年6月1日から、中小企業は2022年4月1日からパワハラ防止措置が義務化されました。

この状況下にあって、2021年9月16日、日本を代表する大企業・トヨタ自動車株式会社において2010年に発生した事案はパワハラによる労災ではないのか、ということで争われていた訴訟の判決がくだりました。

それまで労働基準監督署（以下「労基署」）、そして地方裁判所（以下「地裁」）では、労災ではないと判断してきましたが、名古屋高等裁判所（以下「高裁」）は、パワハラによる労災であったと逆転判決をくだしたのです。

そして、被告であった国（労基署）は上告しなかったために、2021年10月1日にこの判決が確定しました。

真逆となった判決

2020年の一審の地裁は、「人格を否定する言動ではなかった」として訴えを退けていましたが、高裁判決は同じ事実への評価を180度変え、パワハラだと認定したのです。

この間、わずか1年弱です。通常では考えられない短期間での判決です。

何があったのでしょうか。

新設された「パワハラ」労災認定基準

パワハラ防止法の施行に伴い厚生労働省（以下「厚労省」）は、労災の認定基準として公表している「**業務による心理的負荷評価表**」を改正していました。

改正評価表では、「パワハラ」の項目が新設され、具体例として「必要以上に長時間の激しい叱責（しっせき）」や「他の労働者の面前での大声かつ威圧的な叱責」など、「社会通念で許される範囲を超える精神的攻撃」などについて、心理的負荷が「強」として労災の認定ラインと明示したのです。

高裁は、この評価表に沿って、男性が三つの事業を担当するプレッシャーと上司の叱責によって、「精神障害を発病させるほど強い精神的負荷を受けた」と認定し、国（労基署）に遺族補償と葬祭料の不支給決定を取り消すよう命じたのです。

 ## 遡及適用されたパワハラ認定

通常、法令には「不遡及の原則」があって、その事件が発生したときよりも後にルール化された法令からは拘束されません。しかし、パワハラ認定は、この例外として**遡及適用**されたのです。

遡及適用は、国民の利益になる場合や、国民の権利義務に影響がない場合には、行なうことが許される場合もあるといわれています。よって、パワハラ認定はこのケースに該当することになったということです。

パワハラに関しては、今回の労災認定基準が文字どおり新基準となっていくことになります。このことは、パワハラ認定については過去の判例はあまり参考にならなくなるということを意味しています。厚労省では、法改正後、この新基準にもとづいて審査の迅速化を図り、業務により精神障害を発病された方に対して、一層迅速・適正な労災補償を行なうと通知していましたが、有言実行された形です。

新基準では何をもって
パワハラ労災と認定されるのか

「心理的負荷評価表」から判断すると

　何をもってパワハラ労災とされるのか、新基準はどのように定められたのでしょうか。企業の労務管理に大きな影響を与えることが必至となった現況下、経営者は、理解をしておく必要があります。

　厚労省では、労災かどうかを判定するために前述した「**心理的負荷評価表**」という評価表を用意しています。これについては【心理的負荷評価表】と検索していただければ、誰でも入手が可能です。

　2020年の法改正に伴い、この評価表の29番目に「パワーハラスメント」として、はじめてパワハラの項目が追加されました。

◎パワハラが労災とされる心理的負荷が「強」と判断する具体例◎

> ● 上司等から、身体的攻撃、精神的攻撃等のパワーハラスメントを受けた
>
> 【強いストレスと評価される例】
> ①上司等から、治療を要する程度の暴行等の身体的攻撃を受けた場合
> ②上司等から、暴行等の身体的攻撃を執拗に受けた場合
> ③上司等による、人格や人間性を否定するような、業務上明らかに必要性がない精神的攻撃が執拗に行なわれた場合
> ④心理的負荷としては「中」程度の身体的攻撃、精神的攻撃等を受けた場合であって、会社に相談しても適切な対応がなく、改善されなかった場合

　評価表では、その事案が発生した状況、内容、程度などから、負荷の度合いを「弱」・「中」・「強」と区分けされていて、**「強」にあたると労災と認定**されます。パワハラについては、前ページ下図にあげた具体例が「強」に該当するとされています。

　①や②は、パワハラというよりは暴力です。これが発生する会社は論外です。パワハラということでの実質的な問題は③です。

　長時間の叱責、大声を出す、見せしめ的に皆の前で叱るといった行為については、グレーな企業も少なくないのではないでしょうか。この③については、評価表ではさらに以下の文言を加えています。

● 人格や人間性を否定するような、業務上明らかに必要がない、または業務の目的を<u>大きく逸脱した</u>精神的攻撃
● 必要以上の長時間にわたる<u>厳しい</u>叱責、他の労働者の面前における<u>大声での</u>威圧的叱責など、態様や手段が社会通念に照らして許容される範囲を超える精神的攻撃

 ## 評価表の「中」と「強」は何が違うのか

　評価表を読むとわかりますが、実は、「中」と「強」では、ほぼ同様の表現が用いられています。

　何が違うかというと、上記囲みでアンダーラインで示した箇所が「中」にはないのです。そして、**行為が反復継続していない場合**」と明記されています。

　つまり、パワハラがあっても一度きりなら「中」、執拗に繰り返されていると「強」であり、労災認定するとしているわけです。

　そして、④の「会社に相談しても改善されない」ということが今後問題になってきます。パワハラ行為が反復、継続していなくても、被害を受けていると感じた労働者が、会社に相談しても適切な対応がなく改善されなかった場合には、「中」から「強」へ引き上げるとしているのです。

適切なパワハラ対策を講じておかなければ、労災と認定していくというのが現行の方針になったのです。

 逆転パワハラ労災認定判決文の解析①

冒頭の逆転労災認定について、判決文を検証してみましょう。

まず、逆転判決までの時系列は下表のとおりです。

◎逆転判決までの時系列◎

2010年 1 月21日	40歳、勤続19年目の主任自死
2011年 6 月17日	豊田労基署へ労災申請
2012年10月31日	不支給処分…心理的負荷「弱」と判定
2012年12月25日	審査請求
2013年12月26日	審査請求棄却…心理的負荷「中」と判定
2014年 1 月23日	再審査請求
2015年 1 月27日	再審査請求棄却…全体としては「強」とまでは判断できない
2015年 7 月10日	名古屋地裁に労災補償不支給処分撤回訴訟を提起 〜以降、2019年 9 月 2 日まで口頭弁論16回
2020年 6 月 1 日	労働施策総合推進法改正の施行、パワハラが労災項目に
2020年 7 月29日	請求棄却…精神障害を発病させる程度の強度といえない
2020年10月14日	名古屋高裁へ控訴理由書を提出
2021年 9 月16日	原判決取消（労災認定）…「強」にあたり業務起因性認める
2021年10月 1 日	豊田労基署、上告せず判決確定

【前提事実は一審を踏襲】

　一審は、2015年から5年間も月日をかけ、2020年7月29日に名古屋地裁で請求が棄却されました。精神障害を発病させる程度の強度の労災があったとは認められなかったのです。

　今回の高裁は、控訴からおよそ1年という短期間で判決に至っています。コロナ禍であるにもかかわらず、超スピード結審となった理由は、前提事実についてそのまま一審の内容を引用したことにあります。

　つまり、起訴事実内容は一審とまったく同一ですが、結論だけを180度ひっくり返したのです。高裁は原判決の「事実及び理由」については記載のとおりであるとし、これを引用したうえで、前提事実の末尾につけ加えるとして以下の3項目を補正しました。

（1）　**法律によるパワハラ防止対策の法制化**
（2）　**認定基準（業務による心理的負荷評価表）の改正**
　　　（筆者注：改正された心理的負荷評価表にパワハラは「29 出来事の類型」で新設されたことを示したということ）
（3）　**認定基準の改正による運用上の留意点**
　　　（筆者注：今般の改正が，パワハラに係る出来事を新たに評価対象とするものではなく、明確化したものであるという点、パワハラが発病の6か月よりも前に開始されている場合でも開始時からの行為を評価するという点を留意点から強調）

　そして、判決文には根拠として次の3種類の資料が添付されていました。
①業務による心理的負荷評価表
②一審の地裁判決文
③心理的負荷による精神障害の認定基準

特に、上記③の資料を重視して、今回の判決にあたっています。

 ## 逆転パワハラ労災認定判決文の解析②

【争点整理…認定基準について】

●控訴人（遺族）主張

　改正認定基準で判断すべき、よって「強である」

●被控訴人（労基署）反論

　改正認定基準は2020年6月1日以降に適用されるべき

　これは、この裁判で大きなポイントになったところです。

　起訴事実は、2010年に起きた出来事ですから、2020年の法改正は法の不遡及の原則が働き、及ばないと被控訴人は主張したのです。

【完全に遡及適用すると裁判長が断言】

　この認定基準に関する争点について、裁判長は、「裁判所を法的に拘束するものではないものの、精神医学及び法学等の専門家により作成された報告書に基づき策定されたものであって、その作成経緯及び内容等に照らしても合理性を有するものであるといえる。そうすると、精神障害に係る業務起因性の有無について、認定基準及び改正認定基準の内容を参考にしつつ、個別具体的な事情を総合考慮して判断するのが相当である」と述べています。

　そのうえで、改正認定基準によって過去の事案を評価することについて、「裁判所が精神障害に係る業務起因性を判断するにあたって、参考にすることができない性質のものではない」と被控訴人の反論を一蹴し、公益性があると遡及適用に踏み込んだのです。

　前提事実にあえて法改正、新基準、そして留意点を補正した意味がここにあるわけです。

【争点整理…パワハラについて】

●控訴人（遺族）主張

叱責は執拗であったというほかなく、その心理的負荷の程度は「強」である。

● 被控訴人（労基署）反論

「上司から、業務指導の範囲内である強い指導、叱責を受けた」にとどまる業務上の指導であり、パワハラに当たらない。心理的負荷はせいぜい「中」に相当する程度である。

裁判所は、パワハラの所在については、「上司からの一連の言動についての心理的負荷は『強』に相当するというべき」と新基準にもとづき、本事案は総合的に考慮して労災と認定しました。

◎今回の判決文から留意すべき重要ポイント◎

● 新基準を法施行前の過去事案に適合させることは合理

● 同じ境遇にあった同僚が同じ時期に同じ理由で退職したことが労災認定判断にきわめて加味されている

● 心療内科医師の証言が重用されている

● 人格や人間性を否定するような行為はなかったが、パワハラ認定がされた

● 精神疾患発症の6か月前の事案だけで判断しない

● 「執拗」に及んだ期間は、本件では10か月。その間、直属の上長は1週間に1回、その上の上司は2週間に1回、他の労働者の面前で、さらし者のように大声での叱責があったことは社会通念の許容を超える

● 時間外労働の多さは本件の労災認定ではまったく問われていない

以上は、この確定判決から指摘できることで、今後さらに類似判決で補正されていきますが、少なくとも、この基準が2022年4月から中小企業にも適用されているということです。

パワハラ対策を考えるうえで
留意すべきこと

吹き荒れる企業内パワハラ労働トラブル

　逆転パワハラ労災認定判決が確定して以降、著名な大企業で堰を切ったように、企業内パワハラ労災訴訟が続発しています。もうこの流れは止められないでしょう。

　そして2022年4月以降は、法適用が拡大する中小企業に大きく広がることが必至の情勢となっています。

　訴訟は、労基署に対する労災不認定取消しといった行政訴訟にとどまらず、企業に対する億単位の損害賠償、そしてパワハラ行為者に対する慰謝料を請求する民事訴訟にまで広がっています。

　適切な労務管理をしない企業には、とてもリスクが高まっているといわざるをえません。

企業が十分に留意しておきたいこと

　パワハラ問題は、今後の経営人事、労務管理上、ゆるがせにできない事案になってきていることが、ご理解いただけたことと思います。

　各社、効果的なパワハラ対策を検討し、不断の態度で行動していくことが求められます。

　しかし、この段階で、十分に留意しておきたいことがあります。

　それは、**ガチガチに管理水準を高めていくことが、正解ではない**ということです。

　最近、企業で起きたパワハラが労災だと認定される事件、ニュースがよく報じられるようになりました。それを読んだ読者の感想、コメントが記載されることで知られているのが「ヤフーニュース」です。

あるパワハラ労災認定の記事で、管理職についているであろうと推察される方の以下のようなコメントが目にとまりました。

「ちょっと注意したり指導しただけで、簡単にパワハラ認定されてしまうということを肝に銘じておかなければならない。そうなると、個人的な賠償義務が発生し、社内的には懲戒処分や降格、下手をすると職場を追われます。そこまでリスクを冒して、部下と関わる意味がありますか？」

「触らぬ神に祟りなし。残念ながら、自分の身を守るには、現状、これしか方法がないのです。それが良いか悪いかの問題ではないし、綺麗事では済まないのです。法律がそうしろと言っているのだから、仕方がないと割り切るしかない」

パワハラ対策の結果、上司がこのように部下に対して、腫れ物に触る、あるいは、無関心となってしまうような職場をつくってしまったとするなら、それは失敗です。

上司と部下の日常的な関係が、このように冷え切ってしまえば、その組織に活力をもたせることは不可能ですし、社員同士が協力して仕事をするからこそ生み得られるお客様満足、その先につづく結果としての健全な利益確保が持続的にのぞめるはずなどないことは明らかです。

ここに、パワハラ対策のむずかしさと重要性があるということがわかります。

では、どうすればよいのか。

そのことについて正解を導くために本書を執筆しました。

コンプライアンス編

~法的な対策を万全にするために~

2022年４月から中小企業にも適用される「パワハラ防止法」について、わかりやすく解説します。法的な対応法についても知っておきましょう。

1章

パワハラ防止法を理解して
対策を講じよう

いま、どのくらいの社員が
パワハラを受けていると感じているのか

パワハラ防止法施行後も増えつづけるパワハラ被害

　職場のパワーハラスメント（パワハラ）を防ぐ改正労働施策総合推進法（パワハラ防止法）が2020年6月の施行から1年がたった2021年7月の状況について、日本経済新聞に次のような記事が掲載されました（2021年7月18日付）。

　同法の施行後もパワハラ被害は増えている。

　日本労働組合総連合会（連合）が設ける「なんでも労働相談ホットライン」に寄せられる「パワハラ・嫌がらせ」の20年6月〜21年5月の相談件数は、前年同期比で43％増の2,818件に上った。厚生労働省の統計では、20年度に精神疾患にかかって労災認定を受けたのは608人で前年度比19％増。原因別では「上司などからのパワハラ」（99人）が最も多かった。

　厚労省が4月に公表した実態調査では、過去3年間でパワハラを受けたと答えた労働者に聞いたところ、勤務先の対応として「事実確認のヒアリングをした」はわずか21.4％。「特に何もしなかった」は47.1％に及んだ。

　ただ企業側も対応に悩む。問題行為が比較的わかりやすいセクハラに比べ、パワハラは業務上の指導との差がつけにくい。

　厚労省が発表している「令和2年度　個別労働紛争解決制度の施行状況」によれば、2020年には97,553件のハラスメント相談が寄せられています。

　次ページの図は、民事上の個別労働紛争についての相談件数の年度別推移ですが、図下の※で示されているように、2020年から大企

◎民事上の個別労働紛争の主な相談内容別の件数推移（10年間）◎

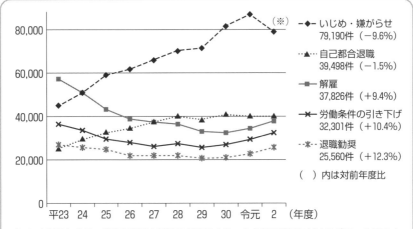

- ◆ いじめ・嫌がらせ 79,190件（−9.6%）
- ▲ 自己都合退職 39,498件（−1.5%）
- ■ 解雇 37,826件（＋9.4%）
- ✕ 労働条件の引き下げ 32,301件（＋10.4%）
- ＊ 退職勧奨 25,560件（＋12.3%）

（　）内は対前年度比

（※）令和2年6月、労働施策総合推進法が施行され、大企業の職場におけるパワーハラスメントに関する個別労働紛争は同法に基づき対応することとなったため、同法施行以降の大企業の当該紛争に関するものは「いじめ・嫌がらせ」に計上していない。　＜参考＞同法に関する相談件数：18,363件

業と中小企業では別に集計されるようになったため、令和2年度は前年から減少したような印象を受けますが、実際は右肩上がりに増加しています。

 労働者の3～4割弱がパワハラされたと感じている

　かつては労働トラブルというと、不当解雇がダントツでしたが、この10年ですっかり様相が変わってしまいました。

　同年の厚労省の「職場のハラスメントに関する実態調査」によると、過去3年内に一度以上、パワハラを経験したと回答した労働者の割合は31.4%に上っています。

　連合が2019年5月に発表した職場実態調査の結果でも、「職場でハラスメントを受けたことがある」人が全体の38%に上っています。

　被害者のうち20代の3割近くが離職を選択したという結果もあり、職場のハラスメントが企業の人材損失にもつながっていることが浮き彫りになりました。

パワハラを引き起こす
企業組織にとっての真の問題とは

　2021年8月31日に公表された「労働力調査」によると、わが国の就業者数は6,711万人です。仮に、これの35％とすると、2,348万人に相当する労働者が"パワハラを受けていると感じている"と推測できます。

700万人もパワハラで辞めたいと思っている？

　先の連合の調査では、ハラスメントを受けて離職する者が3割に達するとしています。この数値をあてはめると、約700万人にもなります。それだけの労働者が、ハラスメントが嫌で辞めたいと思っている可能性があるということです。

　2020年の転職者は厚生労働省によると、319万人です。もちろん転職者には、ヘッドハントされた者、キャリアアップのために次の職場を選択した者もいます。

　人材紹介ビジネスを行なっている企業では、よく転職者の実態調査を公表していますが、「転職理由」を集計したデータをみてみると、そうした好転的理由で離職しているよりも、圧倒的に働いている職場に対するネガティブな理由をあげています。

　基本的に、そこの職場で働いていて幸せを実感していれば、転職したいという動機は働かないとみることが自然です。

　転職者319万人の、仮に8割がネガティブな理由で退職したとすると、255万人となります。先ほど推測したパワハラで離職する者が700万人ですから、255万人で割ると2.7という数値になります。ものすごくアバウトな推定ではありますが、以上のことから、パワハラを我慢しているのは、2年半くらいとみることができるかもしれません。

📖 パワハラ問題で真に留意すべきこと

　有名企業でパワハラ問題が発生すると、報道の格好のネタになり、炎上しますが、統計的には、不幸にしてパワハラを苦に社員が亡くなるというのはレアケースです。

　"助けてほしい""おかしい"と実際に労働局に駆け込んでいる労働者は、前述したとおり約10万人なので、パワハラされていると推定した社員数700万人の0.4%です。

　多くの社員は、そこまで追い込まれる前に、その会社にとどまらず、圧倒的に退職していくのです。離職率の高さに困っている企業は、パワハラが発生していないか徹底的に留意すべきです。

　新聞で報道されているような、「パワハラ→精神障害→自殺→労災→企業の信用失墜」（レピテーションリスク）というのは、そうそう起きるものではないということが冷静な見立てでしょう。

　もちろん、そこまでになってしまったら致命的です。

　おそらくそれは、社員数の多い大企業がよりリスクテイクすべき事案となります。

　中小企業では、「恒常的な離職者の発生→人手不足状態まん延による労務環境悪化→それによる企業衰退」が、もっとも考えておかなければならないパワハラ問題の真のリスクなのではないでしょうか。

　後述しますが、わが国は主たる労働者を構成している生産年齢人口（15歳から64歳）が、尋常でなく長期にわたって減少中です。

　慢性的な人手不足社会になっています。

　人を大切にする経営を怠ってパワハラを放置するような労務管理をしている企業には、ますます人が集まらず、ジリ貧になっていくのです。

何がパワハラとなるか
明確に押さえておく

 パワハラ防止法によるパワハラの定義

パワハラの具体的な定義や事業主が講じる雇用管理上の措置の具体的な内容については、厚生労働大臣が「指針」を策定しています。

この指針は、令和2年1月15日、厚労省告示第5号として発出されました。

それによると、職場におけるパワーハラスメントとは、以下の3つの要素をすべて満たすものをいいます。

---

①**職場において行なわれる優越的な関係を背景とした言動**
　であって、
②**業務上必要かつ相当な範囲を超えた**
　ものにより、
③**労働者の就業環境が害されること**

---

①の「**優越的な関係**」は、上司と部下は言うまでもありませんが、同僚、部下からも、たとえば集団で特定の上司を無視し続ける、ＩＴの知識があるのに知恵を貸さず、特定の上司を辱めるなどの行為なども対象になります。

②の「**業務上**」ですが、その行為が、パワハラかどうかを判断するときに、業務の延長における厳しい指導との境界がよく問題とされます。

パワハラであると評価される例として、これまでは「人格攻撃がある」と認定されることがひとつの焦点でした。

人格攻撃がなくても労災認定される

序章でみた逆転判決では、特段の人格攻撃はなかったとする一審の判決をそのまま採用して、パワハラ労災認定をしていますので、新基準では、人格攻撃は必須条件ではなくなったと考えられます。

毎週のように、他の社員の面前で、大声で叱責されることが、繰り返されている状態だけでも、「業務上必要かつ相当な範囲を超えた」とみなされると考えておいたほうがよいでしょう。

もちろん、そこに人格攻撃が加わっていれば、さらに労災認定がされやすくなることは当然です。

前ページ③の「**労働者の就業環境が害される**」という事項もやっかいです。これは、労働者の就業環境が不快なものになり、能力が十分に発揮できない悪影響が生じている状態とされています。

不快かどうかは、それこそ、人それぞれです。これは、さすがに判断が難しい基準です。

そこで、指針では「平均的な労働者の感じ方」をもって判断するとしています。つまり、他に同じようなパワハラをされていた者がいたときに、やはり看過できないと感じているかどうかを見極めるとしています。

序章で紹介した逆転判決では、パワハラをされていた労働者とは別に、同じような叱責を受けていた社員が登場してきます。そして、この社員は、被害労働者が自死した直後に退職を決意し、実際に会社を去っています。

このことがパワハラ労災認定の判断に寄与したと考えられます。精神的におかしくなるだけでなく、就労を継続できなくなるような離職者が多発すると、その行為はパワハラ認定の対象とされる可能性が増してくると考えられます。

パワハラに該当する例、しない例

「具体的に、どういうことがパワハラとされて、こういうことな

らパワハラではないということを明確にしてほしい」ということは、特に職場のリーダーからは切実なものとして声があがってくることは当然でしょう。

これについて告示では、"限定列挙ではない" と前置きをしたうえで、以下の6つの類型が示されました。

①身体的攻撃（暴行・障害）

【該当するケース】
● 殴る、蹴る、物を投げつけるといった行為

パワハラというよりは暴力そのもので、こんなことは現代の職場では、いくらなんでも起きないだろうと思っていましたが、最近のニュースでは、上司からスタンガンで撃たれた、頭をげんこつで叩き続けられた、という信じがたい被害状況も報告されています。

閉鎖的で時代錯誤なボスマネジメントが横行している職場で起きています。

もちろん、あってはならないことです。

【該当しないケース】
● 誤ってぶつかる

これは、それはそうだと感じますが、ニュースでは廊下ですれ違う際に、ふざけてぶつかりそうになってくることが繰り返されて、うつ病の要因となったという事例も報じられています。

こうなると、もはや、いじめという領域です。

故意はいけません。

②精神的な攻撃（脅迫・名誉棄損・侮辱・ひどい暴言）

【該当するケース】
● 人格否定
● 性的指向、性自認に関する侮辱行為

- 長時間にわたる厳しい叱責を繰り返す
- 他の労働者の面前で大声で威圧的な叱責を繰り返す
- ＳＮＳなどで相手の能力を否定し、罵倒するメールを拡散する

「大声」「繰り返す」「長時間」「威圧的」──これらが重なるとアウトです。

某有名企業で、上司から日常的に「お前はダメなやつだ」「辞めてしまえ」など人格攻撃がされ、社内の慰労会では約２時間にわたり正座のうえ、容姿や私生活を侮辱され、その男性はその３日後に自殺したという痛ましいニュースが報じられています。

人格識見に劣る者を管理職にしては、組織は崩壊します。

【該当しないケース】

- 服務規律違反があり、再三注意しても改善されない労働者に強く注意する行為
- 業務の内容や性質等に照らし、重大な問題行動を行なった労働者に強く注意する行為

たとえば、お客様の命を預かる仕事で、ちょっとしたミスが大事につながってしまうような職場では、やはり怠惰な態度で職務されてはよろしくないので、厳しく指導をしていくというのはありでしょう。

それでも、もちろん体罰系は御法度です。

③人間関係からの切り離し（隔離・仲間外し・無視）

【該当するケース】

- 意に沿わない労働者に対して、仕事を外す
- 別室に隔離する
- 自宅研修させる
- 集団で無視し、孤立させる

某大手銀行では、人事権をもつ社内の経営幹部に意見具申したことがきっかけに、目の敵にされ、５年間も自宅待機を命じられ、退

職強要されたと労働者に訴えられています。

　また、これも有名企業での事件ですが、独居房のような小部屋に閉じ込められて三度、病院に搬送された事例も報じられています。

　人事権の濫用はパワハラに直結します。切に注意が必要となってきます。

【該当しないケース】
●新規採用者を集中的に別室で研修をする
●懲戒処分対象者を職場復帰のために別室で必要な研修をする

　きわめて常識的な理由で、個別指導が必要な場合は、どうしても生じます。

　このようなケースでは当事者もパワハラだとは思わないでしょうから、あまりナーバスにならなくてもよいかもしれません。

> ④過大な要求（業務上明らかに不要なことや遂行不可能なことの強制・仕事の妨害）

【該当するケース】
●事務職なのに炎天下での野外作業を命ずる
●新卒採用者にろくな教育もせず、営業をさせ、仕事を取ってくるよう命じ、達成しないことを厳しく叱責する
●私的な雑用処理を強制的に行なわせる

　高いノルマの設定や強制、そして、未達成に対して叱るというパターンです。この類型に関連して、新基準でのキーワード「執拗に」「大声で」「他者の面前で」という行為が発生しやすいと考えられます。

　また、ずいぶん昔のことですが、土曜・日曜になるたびに、社員に声をかけて自宅に招いていた社長がいました。参加しないと仲間外れになるので、それは半ば強制でした。

　社長宅に行った社員たちは、庭の草むしりなど雑用をさせられていました。

いま思うと、完全なパワハラです。

【該当しないケース】

● 育成のために現状より少し高いレベルの業務を任せる

● 繁忙期に通常期より多い業務の処理を任せる

　こうした当たり前のことまで、パワハラにあたらないと明示しないとならないというのが、残念です。平素の人間関係、信頼関係がいかに重要であるかと感じさせられます。

---

⑤過小な要求（能力や経験とかけ離れた程度の低い仕事を命じることや仕事を与えないこと）

【該当するケース】

● 管理職に新人がやるような仕事しか与えず、干す行為

● 気にいらない労働者に対して仕事を与えない

　いわゆる "干す" という行為です。

　「看守と囚人」という話があります。

　囚人は、看守に命じられて、その目的も告げられず、1日中、穴掘りを命じられます。

　朝から掘り続け、夕刻には、大きな穴ができました。

　そこへ看守がやってきて、加えたタバコを投げ捨て、今度は穴を埋めろというのです。

　こうした日々が続くと、人は心が折れて生気を失っていきます。

　人の役に立つという、仕事で感じられる最上の喜びを奪う行為です。

　これは、見た目以上に人の尊厳を奪う行為で、そのような日々が長く続けば、確実に精神疾患になってしまうと感じられます。

　人間尊重の職場を築きたいものです。

【該当しないケース】

● 能力に応じて業務内容や業務量を軽減する

　これもまた、職場での平素の人間関係や信頼関係が良好であれば、

パワハラの問題が生じない案件のように感じられます。

⑥個の侵害

【該当するケース】

●職場外で継続的に監視する

●私物を写真撮影する

●性的指向、性自認、病歴、不妊治療等の個人情報について、本人
の了解を得ずに、他に暴露する

　プライバシーの侵害とされる類型です。他のパワハラとは違い、無自覚にその行為がされてしまいやすいといわれています。

　昭和の頃には考えられないくらい、世の中は多様化しています。

　個人の生き方について、自身の価値観を相手に押しつけていかないようにすることでしょう。

　いまは、とてもセンシティブな問題ですから留意したいところです。

【該当しないケース】

●配慮のため家族状況についてヒアリングする

●本人の了解を得て上記個人情報を人事担当に開示する

　安全配慮や仕事と家庭の両立を促進させるために、一定の個人情報について把握しようと試みるのは当然のことでしょう。

　また後者については、たとえば、男性自認している女性労働者が、街でも男性トイレを使用しているので、会社でもそうしたいという場合に、本人の許可を得て上司が職場の了解を得るために、人事担当に相談し、実現の配慮をするといった具合でしょうか。

1-4

パワハラの防止のために講ずべき措置

パワハラ防止法で、事業主に課せられた義務は以下のとおりです。

事業主の方針等の明確化およびその周知・啓発

①パワハラの内容・パワハラを行なってはならない旨の方針を明確化し、労働者に周知・啓発すること

②行為者について、厳正に対処する旨の方針・対処の内容を就業規則等の文書に規定し、労働者に周知・啓発すること

相談に応じ、適切に対応するために必要な体制の整備

③相談窓口をあらかじめ定め、労働者に周知すること

④相談窓口担当者が、相談内容や状況に応じて適切に対応できるようにすること

パワハラに係る事後の迅速かつ適切な対応

⑤事実関係を迅速かつ正確に確認すること

⑥速やかに被害者に対する配慮のための措置を適正に行なうこと

⑦事実関係の確認後、行為者に対する措置を適正に行なうこと

⑧再発防止に向けた措置を講ずること

そのほか併せて講ずべき措置

⑨相談者・行為者等のプライバシーを保護するために必要な措置を

講じ、その旨労働者に周知すること

⑩相談したこと等を理由として、解雇その他不利益な取扱いをされない旨を定め、労働者に周知・啓発すること

パワハラ対策のための施策はネット上にふんだんにある

厚労省は、パワハラ対策については、すでに豊富な情報量を公開していて、ネットだけでも必要かつ十分な情報収集ができます。

その一つが、厚労省のハラスメント対策総合情報サイト「**あかるい職場応援団**」です。ここでは、「パワーハラスメント対策マニュアル」の最新版が常に改訂整備されています。これはよくできているので、ぜひダウンロードして企業内に備えてください。

マニュアルには、社長メッセージ案、就業規則や関連規程の規定例、アンケートフォーマット、相談窓口の設置法、担当者マニュアルなど、これでもかというくらい懇切丁寧に紹介されています。

またサイトでは、過去の判例解説や、各社での対策事例、実際にパワハラ相談をしていくシミュレーション動画など、関連情報も豊富です。それらを参照しながら、具体的に実施すべき予防・解決のためのポイントに照らして、自社での対応の実施をすすめていくことができます。

したがってコンプライアンス対策としては、ネット対応で、自社のレベル感にあった労務管理をしていくことで、一応のパワハラ対策は整えられるでしょう。

とはいえ、あまりに細かすぎる管理規程の作成・運用や、管理職を委縮させてしまうような労務対応は、職場の健全さにおいては適切なものとはならないリスクも生じます。

この後で展開する対策案は、「マネジメント編」で取り上げる、人を大切にする組織風土の醸成を確実に実践していく会社において推奨できる法改正対応のコンプライアンスモデルとご理解ください。

それでは実務対応についてご紹介していくことにいたします。

1−5

パワハラ防止対策の労務施策と自社に合った形での実施の検討

　前項であげた「講ずべき措置」の順にみていきましょう。

①パワハラの内容・パワハラを行なってはならない旨の方針を明確化し、労働者に周知・啓発すること

ポイント　経営者が、パワハラが起きない職場をつくるという決意を社内に通知していきます。威圧的にならず、それはそうだと社員が共感するようなメッセージのあり方が肝要です。ビビらせたり、引かせたりするようなメッセージはあまり適切ではありません。以下がメッセージの推奨例です。

　職場のパワーハラスメントは、人格や尊厳を傷つける行為です。当社は、そういったパワーハラスメント行為は断じて許しません。

　もし、そこに、そのメンバーのお母さんがいたら、あなたは同じように叱れますか。

　もし、そこに、そのメンバーの配偶者がいたら、あなたは同じように声を荒げますか。

　もし、そこに、そのメンバーのお子さんがいたら、あなたは同じようにその言葉を投げかけますか。

　その行動をする前にそのことを思い出してください。

　当社は、皆さんの協力により、パワーハラスメントのない、また、すべての社員が互いに尊重し合える、心理的安全性の高い快適な職場づくりに取り組んでいきます。

○○年○月○日

　　　　　　　　○○株式会社　代表取締役社長　□□□□

---

②行為者について、厳正に対処する旨の方針・対処の内容を就業規則等の文書に規定し、労働者に周知・啓発すること

ポイント 就業規則の改定が必要です。パワハラ条項を別規程化するなどして、ことさらに強調していくケースも散見されますが、それは性悪説にもとづくなら成り立ちます。自社の社員の良識、良心を信じているならば、注意喚起しておくという点を伝えることを目的として、以下のように就業規則でいたってシンプルに規定すればよいと考えます。

◎パワハラ関連の就業規則の規定例◎

（職場のパワーハラスメントの禁止）

第○○条　職務上の地位や人間関係などの職場内の優越的な関係にもとづいて、業務の適正な範囲を超える言動により、他の労働者に精神的・身体的な苦痛を与えたり、就業環境を害するようなことをしてはならない。

（懲戒の事由）

第□□条　従業員が、次のいずれかに該当するときは、情状に応じ、けん責、減給または出勤停止とする。

　　　…第○○条に違反したとき

2　従業員が次のいずれかに該当するときは、懲戒解雇とする。ただし、平素の服務態度その他情状によっては、第○△条に定める普通解雇、前条に定める減給または出勤停止とすることがある。

　　　…第○○条に違反し、その情状が悪質と認められるとき

③相談窓口をあらかじめ定め、労働者に周知すること

④相談窓口担当者が、相談内容や状況に応じて適切に対応できるよ
うにすること

ポイント 社員が相談しやすい相談窓口を設置し、できるだ
け初期の段階で気軽に相談できるしくみをつくりましょう。相談窓
口は、内部相談窓口と外部相談窓口を設定します。

【内部相談窓口の設置（例）】

内部の相談窓口としては、次のいずれかが現実的でしょう。

● 人格者と認められる管理職や社員をパワーハラスメント相談員と
して選任して相談対応にあたらせる

● 人事労務担当部門が任にあたる

● コンプライアンス担当部門／監査部門／人権（啓発）部門／法務
部門が任にあたる

● 社内の診察機関、産業医、カウンセラーに委託する

【外部相談窓口の設置（例）】

● 弁護士や社会保険労務士の事務所に委託する

● ハラスメント対策のコンサルティング会社のサービスと契約する

● メンタルヘルス、健康相談、ハラスメントなど相談窓口の代行を
専門に行なっている企業と契約する

【相談窓口担当者には、相応の教育が必要】

内部の相談窓口担当になった者には、その役割や責務、そして実
際に相談があったときにまごつかないように、事前の教育やシミュ
レーションを実施していきましょう。

相談があった場合の対応は、前述した「あかるい職場応援団」サ
イトでダウンロードできるパワハラ対策マニュアルの「3.6.相談や
解決の場を提供する」の項がとても参考になるので、相談窓口担当
者には、事前に十分に頭に入れておいてもらうようにしておきまし
ょう。

以下は、周知のための就業規則の規定例です。

◎相談窓口関連の就業規則の規定例◎

（相談窓口の設置）

第○○条　パワーハラスメントに関する相談・苦情に対応するため人事総務部に相談窓口を設ける。

（相談・苦情の申立て）

第□□条　パワーハラスメントを受けていると思う者、またはその発生のおそれがあると思う者は、相談窓口、苦情処理委員会、相談ホットラインを利用して、書面または口頭で申し出ることができる。また、申し出は被害を受けている者だけではなく、他の者がその者に代わって申し出ることもできる。

（苦情の処理）

第△△条　苦情の申立てを受けたときは、関係者から事情聴取を行なうなど適切に調査を行ない、迅速に問題の解決に努めなければならない。苦情処理に当たっては、当事者双方のプライベートに配慮し、原則として非公開で行なう。

（不利益取扱いの禁止）

第◇◇条　会社は、職場におけるパワーハラスメントに関して相談をし、または苦情を申し出たこと等を理由として、その者が不利益を被るような対応をしてはならない。

⑤事実関係を迅速かつ正確に確認すること

⑥速やかに被害者に対する配慮のための措置を適正に行なうこと

⑦事実関係の確認後、行為者に対する措置を適正に行なうこと

ポイント 万一、パワハラ事案が発生しているとみられる場合は、決して放置せず、重大な労務上のインシデントと認識して対応していきます。初期対応、初動が重要です。

【初期相談対応】

相談者の訴えたいことを自由に話してもらい、時間をかけて丁寧に聴くことが重要です。まず、相談者へ秘密の保持や相談によって不利益な取扱いがないこと、本人の意思や希望を尊重することを伝えます。そして、次の項目に沿って、これも本人の了解を得て記録を取りながら聴いていきます。

相談者に対する聴き取りポイント

①行為者はだれか、相談者との関係
②問題行為がいつ、どこで、どのように行なわれ、相談者はどのように感じ、対応したか
③行為者は他の人に対しても同様の行為はあるか
④誰かに相談したか
⑤問題行為の現在の状況と相談者の心身の状況
⑥どのような解決を望むのか

【行為者と面談することの同意を得る】

相談の終了に当たっては、担当者は必ず、相談内容や相談者の意向など、聞き取ったことについての記録をもとに相談者に確認し、認識にずれがないようにします。

相談者の意向を踏まえた解決方法やこれからの手順、当面の対処のしかたなどを説明します。相談後の行為者への面接の実施や方針については、必ず相談者の同意を得るようにしてください。

【行為者への聴取】

　続いて、行為者に対して以下の点に留意して事情聴取をします。

□　面接の目的を説明し、行為者の同意を得る。

□　プライバシー保護を伝える。

□　名誉や尊厳を傷つけないよう留意し、加害者という決めつけや悪人扱いするような態度をとらない。

□　弁明の機会は十分に与える。

□　担当者は、虚偽や隠ぺいは許さないという毅然とした態度をとる。

□　行為者に対して、相談者の割り出しや当事者同士で話し合う等の行為を禁止する。

┌─────────────────────────┐
│　　　　行為者への聴き取りポイント　　　　│
│   │
│　①相談者との関係   │
│　②相談者が主張している事実関係の有無、相違点│
│　③なぜ、そのような行動をとったか   │
│　④パワハラ行為の認識の有無   │
│　⑤謝罪等の意思の有無   │
└─────────────────────────┘

【処分の決定】

　相談者、行為者、そして必要に応じて同じ職場の同僚ら第三者の証言等の事情聴取をふまえ、相談者の被害の状況（身体的、精神的な被害の度合い）、該当行為の程度（質）や頻度（量）、相談者および行為者のそれぞれの行動や発言に問題の度合いを勘案し、組織として、案件を評価します。

① パワハラがあったと判断した場合

　行為者または相談者への注意・指導、行為者から相談者への謝罪、

人事異動、懲戒処分などを検討していきます。

＜懲戒処分の留意点＞

懲戒にしようとしている行動や行為があてはまり、また、就業規則上の懲戒規定に列挙している項目に適合するということが懲戒処分有効のための大前提です。

❶懲戒手段の妥当性の確認

比較的軽微な事由なのに、いきなり最も重い懲戒解雇を科したり、同じ懲戒であるのに、特定の社員に対してのみ重くしたり、といったような懲戒事由と処分が不当にアンバランスになっていないことを確認します。

❷定められた手続きに則っているかどうかの確認

就業規則に定められた手続きに則って進められていることを確認します。

❸記録の保存

後で不当だとされることを未然に防ぐためには、事実の記録が綴られている帳簿があることは重要です。会社側の取ってきた行動記録だけでなく、社員から提出された始末書なども原本を保管しておきます。

② パワハラがあったと判断することはできないが、そのままでは事態が悪化する可能性がある場合

行為者には、いわゆるイエローカードの状態であることを伝え、執拗に繰り返すことのないようになど、パワハラ認定される基準について認識および行動改善を促すことで、事態が悪化する前にすみやかに解決につなげるようにしましょう。

相談者に対しては、しばらく様子をみていくことを促しますが、強く配置転換を望んでいる場合には、それを考慮していくことも検討する必要が出てくるかもしれません。

パワーハラスメントの事実が確認・評価できない場合

パワハラには該当しないと判断する理由を相談者に伝え、状況を理解してもらうようにフィードバックしていきます。

行為者に対しては、パワハラとは認められないものの、やはり現在の行動では、そう取られる場合が、事実としてあったということを認識してもらい、よりよい対人関係のあり方を改めて考えていく機会にしてもらい、一層の成長につなげてもらうよう促していきます。

【ピンチをチャンスに転じていく】

パワハラの所在は確認できなくても、そうした声が上がってきている際には、立ち止まって現状を見直してください。

組織内において、対話の欠如によるコミュニケーション不足が起きていないか、業務の負荷が過多になっていないか、モチベーションが低下していないか、など、経営人事面での不具合が生じている可能性が高いととらえて、社内教育や人材育成方針の見直しなど、経営改善の機会ととらえていきましょう。

⑧再発防止に向けた措置を講ずること

残念ながら、パワハラ事案が発生してしまった場合には、そこまでの組織マネジメントのあり方を根本的に考え直すことが求められます。

当該事案を、パワハラ行為を起こしたその個人の問題ととらえるのではなく、職場全体の問題として、職場環境の改善をどうしていくかという改革が必要になります。

組織体質的にパワハラが起きやすい状態になっている状況では、行為者に対する懲戒処分だけでは、再発防止はきわめて難しいと言わざるを得ません。

【トップが腹をくくる】

　再度、トップから「二度とパワハラを許さない」という決意を示し、すべての社員と共通認識をはかっていくことです。

　根絶のためには、この後の章以降で展開していく「人を大切にする経営」の実践により、パワハラが発生する余地のない職場風土を醸成していくことに尽きます。

⑨相談者・行為者等のプライバシーを保護するために必要な措置を講じ、その旨労働者に周知すること

⑩相談したこと等を理由として、解雇その他不利益な取扱いをされない旨を定め、労働者に周知・啓発すること

　⑨と⑩については、40ページに提示した「相談窓口関連の就業規則の規定例」を参考に、就業規則に明示することで周知要件とします。

　そして、実際に相談や調査の際には、十二分にプライバシー保護を行ない、不利益な取扱いとならないよう厳に留意して進めていくようにしてください。

【パワハラ実態調査アンケートについて】

　厚労省のマニュアルやサイトには、パワハラについての意識や実態について、社員に対して調査をしていくように「アンケートフォーム」の例が掲示されていますが、これは推奨できません。

　アンケートが、根掘り葉掘りパワハラに関することを尋ねる内容になっていると、必要以上にパワハラに対する意識を助長させる結果になりかねず、本末転倒です。無神経なアンケートなら、実施しないほうがよいでしょう。

　せっかく、社員に対してそうした調査を実施するならば、パワハラに関することだけをヒアリングするのは、機会としてとてももったいなく、4章で紹介する「社員意識調査」を実施することを強く

推奨します。

【社員意識調査は人間ドック、組織の健康診断】

　4章で紹介する意識調査では、やりがいの状態、上司や同僚といった組織内の人間関係、組織に対する信頼感、会社に対する不平不満度、社員の健康状態、会社への帰属意識、仕事と家庭の両立度といった、幸福を充足すると考えられるさまざまな角度から、現在の社員の意識状態がどうなっているかを調査し、分析していきます。いわば人間ドックです。

　この調査結果をふまえると、パワハラが単に上司と部下だけの問題で起きているのではなく、経営理念への共感性が希薄であることが起因しているとか、労働環境や労働条件に対する不平不満が鬱積して、まん延しているギスギス感という組織風土の悪さからハラスメントが連鎖しているとか、真因を突き止めることが往々にしてできるのです。

　パワハラ対策も近視眼的にならず、企業経営全体を俯瞰して本質的な問題を探しあてることが、とても重要ではないかと思います。

1-6

パワハラの根絶に向けて 最も重要なことは

 対症療法ではパワハラは根絶しない

　経営者や人事担当者が、「何がパワハラか」という法律面の知識を学び、パワハラ予防・防止のための啓発活動を行なって、ルール化や発生したときの処理といった実務的な対応を厚労省の指針に沿って打ち立てる、ということは必要です。

　しかし、繰り返しになりますが、そうした対症療法だけではパワハラの根絶は難しいといわざるをえません。

　問題の本質は、パワハラが起きない組織風土・企業文化をいかに醸成して、持続的にパワハラが起きない職場をいかにつくるかということが焦点です。

 統計調査からみる最も効果のある対策は「教育」

　前述した「あかるい職場応援団」であきらかにされている統計調査によると、「相談窓口の設置」といった対応は8割を超える企業で実施できているものの、「講演や研修」といった対応を実施している企業は6割で、相談窓口の設置と比較すると実施率は低くなっています。

　研修内容については、たとえば「パワハラ理解の促進」は、管理職向けでは6割の企業で実施していますが、一般社員向けでは4割にとどまります。

　一方、実施したパワハラ対策の取組みのうち、効果を実感した比率が最も高いのは、「管理職を対象にした講演や研修会」で、実施企業の74.2%で効果を実感しています。

教育の実施割合が思わしくなく、内容が乏しい

　また同じ統計調査によると、「職場におけるコミュニケーション活性化等に関する研修・講習等を実施」という風土改革系の対応については、効果があったという企業の割合が６割となっているにもかかわらず、実施企業の割合は２割と極端に低くなっており、明らかに対策にミスマッチがあるということがうかがえます。

 厚労省も指針で教育の重要性を示唆

　そのため厚労省では、コミュニケーションの活性化や円滑化のためには、研修等の必要な取組みを行なうことが望ましいという指針を出しています。

　その指針を読み込むと、コミュニケーションの活性化や円滑化のために、具体的にすべきこととして以下を例示していると理解できます。

- 風通しをよくする面談やミーティングの実施
- 社員同士の相互信頼関係の向上
- 感情をコントロールする手法についての研修
- 社員のコミュニケーションスキルアップ
- 管理職のマネジメントや指導についてのあり方

 制度より風土が圧倒的に重要

　本質問題にアプローチして、健全健康な「いい会社」づくりのサポートをする活動をしてきた筆者は、社労士としての直近15年間における150社の指導先ではパワハラはおろか労働紛争、労働トラブルの発生は皆無の実績となりました。

　この体験からいえることは、人を大切にする組織風土・企業文化の醸成が、パワハラのような労務リスクの根本解消になるというこ

とへの確信です。

　では、どうすればパワハラと無縁の組織づくりができるのか、それについては次章以降で詳しく展開していくことにします。

組織風土・企業文化 ＞ 制度化・周知

マネジメント編

～経営人事マネジメントのレベルを
引き上げるために～

パワハラの発生する余地がなくなる組織風土、企業文化醸成のための質的な経営人事マネジメントの実践法について学びましょう。

2章

人を大切にする経営（人本経営）を理解して
パワハラがない職場づくりを実践しよう

幸せ軸経営と業績軸経営

労働トラブルが起きない職場づくり

　労働トラブルが発生しない健全な職場は、いかにして形成できるのでしょうか。それを実現するカギは、「制度より風土」であると前章のまとめで述べました。

　いかに就業規則で制度を固めても、労働トラブルの発生を回避することはできませんでした。

　制度を固めることではなく、社員同士が相互に信頼し合い、人を大切にする企業文化を大切にして、心理的安全性の高い組織風土を構築していった会社では、パワハラはおろか労働トラブルの類が発生しなくなっていったのです。

　人を大切にする経営のことを「**人本経営**」（じんぽんけいえい）と呼びます。

　これから本書では、どんな会社、職場でも人本経営を実践し、パワハラをはじめとする労働トラブルが発生する余地のない職場をつくっていくことができるノウハウを展開していきます。

　経営者にはもちろん、自社にも適用していただきたいと思います。

　そして職場のリーダーは、自身がマネジメントできる単位の部や課やチームでその応用ができるはずです。

　もちろん、実践するにあたっては、いろいろと課題や解決していかなければならない問題も発生してくることと思います。それでも、3歩進んで2歩下がっても、確実に1歩は前進です。あせらず、あわてず、あきらめずに、できるところから前へ進みましょう。

ステークホルダー資本主義を理想的にかなえる人本経営

　政府の新しい資本主義実現会議で、東大大学院の教授までが、人を大切にする資本主義の構築が何より大事だ、と提言する時代になってきました。

　世界経済フォーラムにおいては、これからの資本主義のあり方は、「シェアホルダー資本主義」（株主資本主義）から「**ステークホルダー資本主義**」が議論されています。

　すなわち、「株主だけでなく、顧客、従業員、コミュニティ、さらには次世代といった、すべてのステークホルダーに貢献するのが企業の役割である」と考える資本主義へと変わっていくこと、企業の目的も、単に利益を上げることだけでなく、社会的な貢献が重要になっていくことを示唆しています。

　ステークホルダーは、「利害関係者」と和訳されます。つまり、企業経営に関わるすべての人ということです。

　「利害関係者との関係をよりよくする貢献とは？」と問われたならば、それらの人々と永く幸せな状態を持続していくことであるという答えに異論はないでしょう。

　問題は、それをどうやって実現していくかということです。

◎人本経営における優先ステークホルダー◎

幸せ軸経営	①社員とその家族 　→ ②社外社員とその家族 　　→ ③顧　客 　　　→ ④地域社会 　　　　→ ⑤株　主

「社員とその家族」が最優先のステークホルダー

人を大切にする人本経営は、日々営む企業経営において、最も近い順に関わる利害関係者に対して、より幸せな状態を築き上げていくことを志向します。これを「幸せ軸経営」といいます。

たとえば会社なら、日々、まず社長を含む社員たちが仕事をして、はじめて活動が始まります。そこでいちばんに意識するのが、社員というステークホルダーです。

社員が日々、幸せを積み重ねていく状態はどうあるべきかといえば、心理的に安全な環境で不安なく仕事に打ち込み、働きがいを感じて成長していくことに尽きるといえるでしょう。

社員である前に家族の一員であるということ

社員一人ひとりは、会社の構成員である前に父親、母親、子、孫、祖父母等でもあります。

それぞれに大事な家族という存在があります。

幸せは家庭円満が大前提であることは疑いの余地がありません。

もし家庭において心配ごとが発生している場合は、100％以上、仕事に打ち込めるはずはありません。

そこで人本経営では、「**仕事の都合より家庭の事情を優先していい**」という企業文化を打ち立てます。

これにより、最優先に考えるステークホルダーは「**社員とその家族**」ということになります。

育児や介護が必要になったとき、家族の状況を踏まえながら希望すれば、100％復職することを前提に休暇が与えられるのはもちろんのこと、仕事との両立のための心配事の解消を心おきなく行動できる環境が用意されます。

制度でなく風土が重要という意味

　家族にはもちろん、喜びごとも発生します。このコロナ禍でも、子供はすくすく育ち、小学校の入学式を迎えるようになったとしたら、そうした家庭人として幸せを実感する日も、家族と過ごすことが有給休暇の付与などで保障されていきます。

　こうした休暇は、当然、就業規則で制度として整備されていきますが、誰もそれを権利だと言わんばかりに行使することはありません。

　ありがたく「おかげ様」という気持ちで家庭に戻ります。送り出す社員も、数年前には自分も子育てのときに皆に助けられた経験があって本当にありがたかったから、今度はあなたの番で「お互い様」と、気持ちよく心を通わせます。

　それは制度ではなく、人を大切にする風土があってできることですし、この経験がさらに良い風土を醸成していきます。

　このような組織をつくった経営者は、制度より風土が重要ということの意味がとてもわかると言われます。

高まるモチベーションと帰属意識

　家庭での困りごとが解決できて一安心して、あるいは成長した子供の姿を心おきなく共有する時間を満喫して、職場に戻ってきたときの社員の顔の表情がとてもよく、以前にも増してモチベーションを高く、仕事に励んでくれるので、とても大事なことだと実感するのです。

　そうしたことを大切にしてくれる会社、組織に対して、「うちの職場は、本当に思いやりがあって素晴らしい。いい仕事をして恩返しをしよう」という心持ちになるのは、人として自然なことだといえるでしょう。

　こうして職場への愛着も自然と高められるのです。

2番目に近いステークホルダー

　利害関係者ということで、企業経営において社員の次に近い距離にあるのは、「お客様」の前に、取引先や仕入先、関係会社といった協力関係にある他企業に働く人々です。

　法人は違えども、その人たちがいて、自社の商品やサービスが誕生するのですから、「社員とその家族」の次には、「**社外社員とその家族**」との関係性をよりよくすることを志向していきます。

　発注しているのはこちらだからと、ぞんざいな態度で短納期を迫る、あるいはそこに注文するつもりなのに、あえて相見積りをとって単価を下げさせる、などといった行動は厳に慎みます。むしろ、相手を尊重した対応に気をつかいます。

　人本経営の会社では、手形といった商習慣はありません。仕事が完了したら、なるべく早く現金で決済するという取引になります。

　すると、相手先も「あの会社の仕事は、いつも気分がいいね」「あの会社の仕事だったら、ぜひ私にやらせてください」とモチベーション高く仕事をしてくれるようになるのです。

 ## よりよい商品、サービスがお客様に届く

　こうして、やりがい高く仕事をしてくれる社員と社外社員たちが生み出した商品、サービスには、３番目に近いステークホルダーである「**お客様**」に触れていただくことになります。

　すると現場では、「心がこもっている」「感動した」「また購入したい」といった具合に満足したお客様が増えていきます。

　つまり、ファンづくりの実践が図られていくのです。

　ファンになったお客様は、口コミで新たなお客様を呼び寄せてくれるようになります。

　これが、結果としての業績という形になって、持続可能性が高められていくという好循環ができあがっていきます。

社員の数だけ好循環が生まれる

　基本的には、一人ひとりの社員において、この循環が発生していきますから、春に桜が満開になるように、初夏に木々が鮮やかな新緑でおおわれるように、組織体としての企業の魅力化が顕著なものとなってくるのです。

直接的な社会貢献、そして株主へ

　企業は地域で活動しているので、4番目に近いステークホルダーとして、「地域住民」に対する貢献も意識していきます。

　特色としては、たとえば、工場周辺の公道の清掃を毎朝買って出ることだったり、地域の福祉施設の支援、雇用の機会に恵まれていない障がい者雇用を進めるといったように、出資といった間接的にではなく、地域に直接的に関わる形がよくみられます。

　最後に意識するステークホルダーが「株主」となります。

　株式会社であれば、株主は必ず存在しますから、当然に意識しますが、優先すべきステークホルダーの順番としては5番目となります。

　人本経営では、その目的にそぐわないという理由から、上場することを目標にする企業は少ないのですが、社員持ち株制度を導入しているケースは、とても多いと認識しています。

　その理由は、社員イコール株主となると、会社は誰のものかが明確になるからということが一つです。

　そして、もう一つの理由は、いま、銀行に預金しても、ゼロ金利、マイナス金利で、人を馬鹿にしているのかという利息しかつきません。

　社員持ち株制度なら、年輪のようであっても、確実に業績を高めていくと、株主である社員に配当という形で財産形成のサポートもできるというわけです。

◎関係の質を究極に高め続けていく人本経営◎

　企業業績といった結果は、「その組織における関係の質の良好さによって決定づけられている」と、マサチューセッツ工科大学のダニエル・キム教授は、「組織の成功循環モデル」を説きました。

　日頃、上司や先輩によくしてもらえていると思う部下は、上下関係において良好さを感じます。すると、「いつも、お世話になっている。ありがたいな。何か役に立つことで恩返ししたい」と考えるのは普通でしょう。つまり、**思考の質**がよくなっていくわけです。

　そして、「とにかく上司は忙しそうに働いているから、その一部でも自分ができるようになったら、少しは楽になるだろう。よし、自分が○○のライセンスを取って、専門性を身につけよう」と自己啓発を始めていきます。**行動の質**がよくなっていくのです。

　そうして努力した結果、首尾よく資格を取得し、上司に対して「その仕事は自分に任せてください」と進言していくことができるようになります。

　それをみた上司は、「やるな、すごいじゃないか。よしわかった。では、この案件、任せるよ」といった具合に、信頼関係がさらによくなっていく展開が展望できます。

期待された部下は、「よし、ますます頑張ろう」と、さらに思考の質を高めて次の行動に移っていきます。

 ### 逆パターンとなる、関係の質の劣化は地獄化

これに対して、人間関係が悪い職場では悲惨な状態になります。

「うちの上司は、まったく話を聞いてくれない。提案しても、ほとんど取り合ってくれない。この間、それはいいなと、やっと言ってくれたと思ったら、いつの間にか自分が発案したように振る舞って、手柄を独り占めしている。なんかむかつく」

こんな悪感情を抱いている間柄だったら、「面白くない。もう絶対に提案なんかするものか」と思考の質は劣化し、それに伴い指示待ちになるという、消極的な行動になっていくことが簡単に予測できます。

見た目にもやる気が感じられず、上司は自分のことは棚に上げて「あいつは、いちいち指示しなけりゃ仕事をしない。使えない奴だ」と評価を下げてしまい、関係性はさらに悪くなっていきます。

ここで「パワハラ」も起きやすくなるわけです。

そうなれば、離職していくか、ひょっとすると精神的に障害をきたしてしまう、という最悪の結果を招くことにもつながりかねません。

 ### なぜ人本経営を実践するとパワハラがなくなるのか

人本経営を学び、実践していくということは、社員一人ひとりの「関係の質」を高めていき、社員一人ひとりの「結果の質」を最高のものにするということにほかなりません。

人本経営の実践によって、もたらされるものは、社員一人ひとりの人間力の究極の向上という「**結果の質**」です。

したがって、社員の人間力の低下によって引き起こされるパワハラなどの労働トラブルが組織に発生する余地がなくなるのです。

「人本経営」とは

　改めて、人を大切にする「人本経営」とは何かということをまとめてみましょう。

　人本経営とは、企業に関係するステークホルダー＝「5人」の幸せ増進増大をめざす「**幸せ軸経営**」のことです。

　ヒト・モノ・カネのうちモノとカネは、「ヒト」を幸せにするための道具や手段と考えます。幸せにする5人とは以下の5人であり、その優先順位は番号のとおりとする考え方です。

1．社員とその家族を大切にする経営
2．社外社員とその家族を大切にする経営
3．顧客を大切にする経営
4．地域住民、とりわけ障がい者など社会的弱者を大切にする経営
5．株主に益をもたらす経営

　人を大切にする人本経営では、経営の目的・使命は「5人の永遠の幸せの追求と実現」に明確におかれます。従来の「シェアホルダー（株主）重視経営」の考え方との違いは、以下のとおりです。

1）重視すべき順番が、株主第一や顧客第一ではなく社員第一主義であること
2）社員だけではなく、社員の家族を社員と同列と位置づけていること
3）仕入先や協力会社を社外社員と評価・位置づけていること
4）地域住民、とりわけ障がい者などの社会的弱者を重視していること
5）株主を最下位に評価・位置づけていること

社員第一主義を正しく理解して実践する

人本経営では、「社員第一主義」という方針を打ち出します。これは、けっして社員がいちばん偉いという意味ではありません。

会社経営をしていくうえで、経営者は社員の幸せ軸を第一に考えて行動実践していくということが真の社員第一主義の意味です。

お客様をないがしろにしていいわけでは、当然ありません。

お客様の満足をもたらす仕事を実現するのは、一人ひとりの社員以外にありません。したがって、やりがい、働きがいに満ち、働く幸せ感を心から実感して仕事をしていることが必要です。だから、社員第一主義なのです。

社員第一とお客様との関係性について、明確にしておくことが大切です。その関係性について、これまで視察した各社で参考になる例をいくつか紹介しておきましょう。

「社員第一主義・顧客本位主義・社会貢献主義」
「会社は社員のため、商品・サービスはお客様のため」
「社員は社会のために、私は社員のために、仲間のために尽くす」

いずれも、わかりやすいですね。社員の幸せ充足を第一に考えるけれども、思考するときにはお客様の側に立って行動します。そして結果として、会社は社会に役立つことを実践し続けていきます。

社員第一とお客様との関係性が非常に腑に落ちてきますね。お客様を幸せにするから自分たちも幸せになる、この感覚を全員が共有することで矛盾のない社員第一主義が実現されていきます。

 ## シェアホルダー(株主)重視経営の優先ステークホルダー

ここで、これまでの資本主義社会では主流であった「シェアホルダー（株主）重視経営」における優先ステークホルダーについて考察して、対比してみることにしましょう。

人本経営がステークホルダーの幸せ増進増大をめざすのに対し、シェアホルダー重視の経営では、利潤の極大化が目標です。急成長して業績を拡大し、それを再生産していくことをよしとする業績軸経営です。

◎シェアホルダー（株主）重視の優先ステークホルダー◎

業績軸経営	①投資家・資本家
	→ ②顧　客
	→ ③社　　員
	→ ④下請け
	→ ⑤地域社会

　出資してくれる投資家・資本家がいるから企業経営が円滑にできるので、彼らをまず一番に考えます。その人たちに早く多くのリターンをしてあげることが、優秀な経営者と評価されます。

　そのためには利益が必要ですから、直接それをもたらしてくれる顧客を2番目に重視します。経営者は「お客様は神様だ」と社員に対して悟らせていきます。

　気がつくと、モーレツ社員、企業戦士、あげくは社畜とかつて呼ばれたように、社員は会社人間になっていきました。残念ながら、ここには「家族」というステークホルダーは顧みられません。

　そして、「下請け」という言葉で明確なように、発注してお金を出している側が上位となります。

　最後に、「地域社会」を考えます。その貢献の態様は、利益が出ていれば、それを使って貢献しようという出資型が多くなります。

　このような形の「業績軸経営」は、右肩上がりの環境であれば矛盾なく持続できていましたが、バブル経済崩壊後、わが国は右肩下

がり状態となって7割近い企業が赤字状態となり、維持することが難しくなっていきました。

右肩下がりの環境では行き詰まる業績軸経営

　利益が出せなくなると、もう社会貢献をしている余裕はないと、たとえばスポーツ振興などのスポンサーから降りていきます。

　さらに、"下請けいじめ"という言葉が存在するように、それでどうやって経営できるのかというひどい条件で、発注先に取引を迫るようになります。

　なお利益が出せないと、リストラというノウハウが確立されているように、社員を切り捨てていきます。社員よりお金が優先されているということがこれで明らかです。

　そこまできても依然、利益が出せない状況に追い込まれると、神様とまで崇めていたお客様を裏切る行為が横行してきます。いわゆる「企業の不祥事」といわれる暗いニュースは枚挙にいとまがありません。記憶の新しいところでは、数年前に、人生一度きりの成人式のために注文した晴れ着を送らなかった貸衣装屋の不祥事が報じられました。

　こうしたことが明るみになると、さすがに社会から愛想をつかされて、やがて倒産、事業閉鎖へと追い込まれてしまいます。

　事実、いま、わが国の事業所の倒産数は、ものすごい勢いで増加しています。総務省「経済センサス基礎調査」によれば、わが国の事業所数は、1986年の535万社から2016年には359万社へと減少の一途をたどっているのです。

　その理由は、生産年齢人口（労働者層15〜64歳）が深刻に減少していることによります。国勢調査によれば、2000年以降、生産年齢人口は1,000万人以上も減った計算です。

　労働者であり、基幹の消費者であるこの層が右肩下がりになっているので、企業経営にも影響が及ぶのは必至なわけです。

2−2

企業社会の現在の状況

 赤字企業は30%から60%へ

　企業社会を取り巻く状況について確認をしておきましょう。

　高度成長を謳歌し、「ジャパン・アズ・ナンバーワン」と称賛されていた1970年代半ば頃は、赤字企業の割合は30％でした。

　オイルショック、バブル崩壊、リーマンショックといった大きな経済環境の変化に遭遇し、その割合は2009年には70％にまで悪化し、その後10年かけて2019年には61.6％に持ち直しました。

◎利益計上法人数と欠損法人数◎

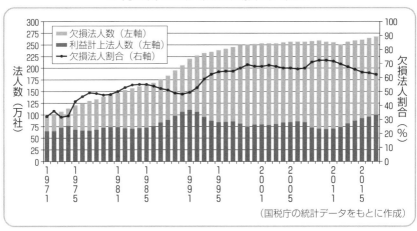

（国税庁の統計データをもとに作成）

　その後、コロナ禍が襲い、赤字企業割合は、再び悪化に転じていることが予測されます。

 事業所の数は、最盛期の７割を切った

　前述したとおり、事業所数（会社数）は1986年の535万社から

2016年には359万社へと減少の一途をたどっています。

◎事業所の推移◎

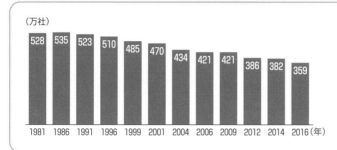

（総務省「事業所・企業統計調査」、総務省・経済産業省「経済センサス-活動調査」より再編加工）

いま、多くの業界で斜陽化が進んでいます。パチンコ産業は、かつて30兆円市場であったのが20兆円を割り込み、旅館業は、厚労省データによれば、その数は最盛期の55％に減少しています。

 未来に影を落とす少子高齢化

生産年齢人口（労働者層15〜64歳）の減少が深刻です。戦後、増加を続け、1995年にピークの8,716万人に到達した生産年齢人口は、それ以降は減少を続け、2021年には7,456万人になり、実に1,200万人近い労働者と消費者が日本から消失しています。

◎生産年齢人口の推移と今後の予測◎

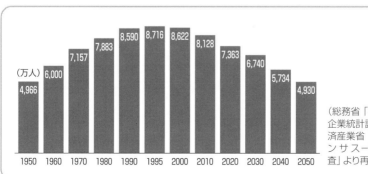

（総務省「事業所・企業統計調査」、経済産業省「経済センサス-活動調査」より再編加工）

今後、さらに2,500万人減り、2050年にはついに5,000万人割れと予測されているのが現状です。

「失われた」のでなく「新しい現実」が起きている

15〜64歳＝社会の中核をなす労働者・消費者が、そして後継者となる経営者が6割しかいなくなる世界に生きている、というのが現実です。

バブル期をピークに60〜70年間、その状態にあるのです。

つまり、高度成長経済社会から漸減成長経済社会に、ありていにいえば、右肩上がりから右肩下がりの環境下へとわが国は完全に変貌したというのが前提になっています。

そして、コロナ禍がこの環境変化にさらに不安状況を促進させているというのが、現在です。

これまで識者といわれる方々の講演やセミナーで、「失われた10年」「失われた20年」という表現が使われてきました。

さすがに「失われた30年」という言葉を使うアナリストはいないだろうと思っていましたが、最近まだ、そういう方もいるのでびっくりしました。

「失われた」のではなく、「新しい現実が起きている」と考えないと、貧して鈍するだけの未来が待っていることは確実です。

近代日本における70年周期説

「70年周期説」をご存知でしょうか。近代日本では、それまで支配的だった社会の中心軸が、大きく真逆の方向へ触れるような歴史を70年周期で繰り返している、という説です。

およそ70年前の1945年前後は、先の大戦を経て、戦前と戦後ではそれはまったく別の社会になったことを体験しました。

さらに遡ること140年前の1875年前後は、明治維新により長く続いた江戸時代が終焉し、わが国は近代国家としてまさしく生まれ変わりました。

◎近代日本における70年周期説とは◎

	1870年頃から	1940年頃から	2010年頃から
出来事	明治維新 結果：鎖国の終了	世界大戦 結果：敗戦	未曽有の少子高齢化 結果：経済至上主義の終焉
流れ	封建社会から 　　　近代国家へ	軍事大国から 　　　民主国家へ	業績軸から 　　　幸せ軸へ
象徴的揺らぎ	●江戸幕府の終焉 ●殿様・武士の消失	●大日本帝国の滅亡 ●軍隊・軍人の消失	●ゼロ金利・マイナス金利 ●労働者・消費者の消失
その後	**文明開化と 　　富国強兵**	**平和樹立と 　　経済最優先**	**物心ともに 　　豊かな世界へ**

　翻って現在、明治維新以降、わが国は第3の大変革期を迎えていると考えるのです。

　現在、明治維新や大戦終戦に匹敵するくらい、誰が見ても明らかな出来事の変化は人口減少に他なりません。

　その変化による結果、過去二度の70年周期では、封建主義から民主主義へ、そして軍国主義から平和国家へと社会形成に影響を与える中心軸が真逆といってもいい方向に振れています。

　いま、これに匹敵する変化はバブル経済崩壊後から顕著になっていますが、規模拡大を最優先させた経済至上主義が修正せざるを得ない事態になっているということでしょう。

　今後は、希少価値となってくる人々がより快適に感じる状態、すなわち人々に幸せをもたらす事業体が社会に求められ、結果としてそこにお金も集まってくるようになるでしょう。

　この変化を見誤ってしまうと、存在価値が消失してしまう恐ろしい未来が待っていて、それは現在、すでに始まっているのです。

「業績軸から幸せ軸」ということの意味

　ここで改めて、「業績軸」と「幸せ軸」について解説しておきましょう。

 目先の利益にとらわれると脆弱な業績軸

　対前年比120％などといった数値目標を掲げ、それを達成することを目的に仕事をくみ上げていくのが「**業績軸**」です。

　この経営では、数値達成が主眼に置かれますので、短期的には結果は出やすくなりますが、そのプロセスに問題が発生しやすくなります。

　数値を上げたいがために、本当はもっと廉価な商品で十分なのに自社の別の高額商品を売りつけるような接客をしたり、一つでも多く売らんがために社員に残業や休日出勤を強要して長時間労働が前提の職場を形成してしまったり、利益を出すために取引先に強引なコストダウンを迫ったり、価格で仕入れ先を変えていくことが横行したりする傾向が強くなっていきます。

　このような状態で業績軸経営を強めていくと、何が起きるかといえば、**ステークホルダーとの関係の質が棄損されていく可能性が高まる**ということです。

　高いものを買わされたと感じた顧客は、信用ならないと警戒心をもつでしょうし、社員は疲弊して病んだり、離職したりする者が増えるでしょう。仕入先は「いつかみ ていろ」と、協力関係とは逆の感情をもっても不思議ではありません。

　目先の利益を追いすぎると、業績軸は、売上という結果は出るものの、持続可能性という点では、とても脆弱な経営であるといえるでしょう。

戦後50年近くは物質的欲求を充たす業績軸経営は機能

「マズローの欲求5段階説」によれば、人はまず、生きていくうえで必要な衣食住に関する「生理的欲求」と、より快適にありたいという「安全の欲求」を充たすことを欲します。それらは物質的欲求で、充たされると満足感を覚えます。

戦後、焼け野原となったわが国では、もう一度豊かに、すなわち、この「生理的」と「安全」という物質的欲求を満たすことが、社会的ニーズとなり、製造業を中心に復興を遂げ、発展してきたのです。

白黒テレビ・洗濯機・冷蔵庫の3種の神器から始まり、電子ジャー・カラーテレビ・ステレオ・ウォークマンと、日本人は豊かさを享受していきました。家電メーカーの多くは、業績軸経営で大企業になりました。

ビデオデッキが家庭で購入できるようになった1970年後半は、「1億総中流意識」と流布され、戦後追い求めてきた物質的欲求は日本社会においてこの時点で満たされます。そして、バブル経済となり、崩壊しました。

満足が充たされ存在感が薄れていった企業

需要が満たされ、社会に満足感が広がれば、さらに物を提供する供給側の存在は相対的に薄れていくことになります。業績軸経営で大企業となったものの、家電メーカーは衰退していきました。

パソコンの黎明期だったこの時期に、日本の製造業がダメージを被ったのはある意味、不幸でした。結局、ウインドウズは日本に生まれることなく、パソコン関連の事業は米国の独壇場となり、やがてアップルが登場し、あっという間に時代はハードからソフト全盛となっていきました。

弱体化した多くの家電メーカーは、さらに価格競争というグローバル化が追い打ちとなり、瞬く間にアジア諸国の後塵を拝することになってしまったのです。

救世のカギは「幸せ軸」にしかない

　社会の隅々にまで物が行き渡った現在、企業が社会から求められるのは、マズローの欲求５段階説でいえば、「愛と所属の欲求」と「承認の欲求」という精神的欲求を満たしていくことに尽きるといえるでしょう。その商品により、まわりとの関係の質が良くなっていくことを提供できれば、爆発的に売れる時代になっていくのです。

　フェイスブックはまさしく、この欲求に見事に応えて大成功を成し遂げたとみることができます。ネット上で所属欲求を満たす「友達」を増やし、日々たくさんの「いいね！」という承認欲求を満たすことを提供したため、あれだけの発展をしたのです。

　あなたの会社の商品、サービスを、この視点からとらえ直していく必要があります。お客様がまわりとの関係の質を向上させるために「どうあるべきか」を考えてみてほしいのです。

　そして、より幸せだという精神的欲求を満たすには、どう工夫していけばよいのでしょうか。さらに、上位の次元にある自主自発的な「自己実現欲求」を満たすためには、どのようなサポートがあるとお客様は感動してくれるのでしょうか。

　そうしたニーズに応えることにブレークスルーできた企業が、中心となってくる時代を迎えています。

　肝心なことですが、そうしたニーズに応えるのは、大量生産してくれる機械ではありません。

　多様な個性をもった心ある一人ひとりの社員です。

　であるならば、社員が心おきなく、やりがい、働きがいを感じて、自律自発的に行動してくれる職場環境をつくる以外にありません。

　それを実現するのが「幸せ軸経営」なのです。

【幸せ軸で地元に愛されるファミレス】

　茨城県にあるファミリーレストラン、株式会社坂東太郎の経営者

青谷洋治さんは語ります。

「いま外食産業は、次のステップに進むべき時期にさしかかっていると感じています。次のステップとは、『幸せ産業』だと私は考えています。食を通じてお客様、地域、社員の幸せを創造する産業。当社はその実現をめざしているのです」

家族レストランとして愛され、地元でファンをたくさん生んでいるこのレストランで、評判を呼んでいるのは"女将さん"と呼ばれている女性社員です。平均単価1,400円と高価格ながら、このお店にお客さんが通ってくるのは、幸せを実感できるからにほかなりません。

【幸せ軸で削らない歯医者をめざしたクリニック】

大阪のヨリタ歯科クリニック・院長の寄田先生は、歯を削れば削るほど、治療すればするほど、新たな虫歯や治療が増えることに気づき、削らない歯医者をめざしています。

まだ日本に根づいていなかった予防歯科に力を入れ、生涯、自分の歯で食事を美味しくいただける幸せな生活に貢献する歯科医院として成長してきました。

主役は歯科衛生士になり、子供のころから、このクリニックに通うお客様は増え続け、大盛況となっています。

人本経営に成功している事例を2つ紹介しましたが、このように、その仕事そのものが、世の中の幸せを増大させていくことに直結させていて、そこにファンとなった顧客がつき、繁盛しているケースは多くの業種で認識できます。

業界の常識にとらわれず、自分の職業はどんなことで社会の幸せを増大させる、どのようなニーズに応えられるのかを考えて行動していくと、突破口を見出すことができます。

2008年に転機を迎え、幸せ軸の社労士へ

筆者は、2008年から労働紛争が発生する余地のない健全健康な職場をつくるための具体的な手法として、人を大切にする「人本経営」の実践を提唱してきました。

気づけば、はや14年が経ち15年目となりました（本書の執筆時点）。当時の転換期の頃にはリーマンショックがあり、現在のコロナ禍同様、経済はガタガタになり、多くの会社で企業経営に影響が及んでいました。

当時のクライアントは、人本経営の伝道の仕事によってご縁があった会社ではなく、ご多分にもれず業績軸で目先の利益を追い求めている会社が多かったので、七転八倒している会社が多かったことを鮮明に覚えています。

 ## 自らが変わったことでクライアントが変わった

筆者の職業は、社労士として変化はしていませんが、その目的、理念を「人の幸せを増大させる」ことに置き、山を登るように歩みを続けてきました。

どうすれば、人が輝く「いい会社」になれるか、必死に学び、試行錯誤の連続でしたが、一つひとつ実務として形にしていきました。

労働トラブルを起こしている会社にも、人を大切にする経営を説きました。「きれいごとをいうな」と去っていったお客様もいました。

残念な思いもしましたが、一方で、当方のメッセージを受け止めてくださった心ある経営者は、ともに経営の歩みを業績軸から幸せ軸へと組織風土の改革をしていただきました。また、新規に出会い、共感してくださるお客様も徐々に増えていきました。

こうして、この14年間で弊社のクライアントは、人本経営を本気で志している企業が圧倒的に多くなりました。

2-4

人本経営にカジを切っている
クライアント先の現在

　2008年のリーマンショックが襲ったときに比べ、現在のクライアント先はコロナ禍にあっても泰然自若とし、この困難に社員一丸となって立ち向かっていこうとする姿勢を、明らかにとってくれていると感じています。

メディアに取り上げられた
クライアント

（日刊産業新聞2020年3月9日、
19909号2面より）

📖 見える景色が一変した！

　リーマンショック、コロナ禍といういずれも未曽有の出来事の体験により、見える景色が14年前のそれとは一変しました。

　2020年にコロナ禍が襲い、緊急事態宣言が発令されました。その最中に、幸せ軸の人本経営にカジを切った経営者の皆さんからは、胸が熱くなるメールが届いたのです。

【クライアントから続々と届いた熱いメール】

＜株式会社シティコミュニケーションズ（神奈川県横浜市）
　三田大明社長＞より

> 小林先生
> 本物かを試される時が来ました。
> 今回わが社は、一人の社員も絶対にリストラしません。
> 35名の内定者、全員取り消しももちろんしません。
> 「辞めさせる時は、会社がつぶれた時。その時は俺もリストラ」
> と、朝礼で宣言しました。
> 必ずこの難局を全社員一丸となって切り抜けます。
> もう私が何も言わなくても、社員たちが今何をすべきかを
> 各々がそれぞれ考え、行動してくれています。
> 「全社員の雇用、人生を守ること」
> 乗り越えた後、新しい価値観の未来を作ることを信じて、
> 私だけでなく、全社員が、「覚悟は出来ています！！」

＜株式会社テクニカ（神奈川県藤沢市）
　パパラギダイビングスクール　松本行弘社長＞より

> 本日の役員会議にて5月6日までの店舗・海洋業務を休業する
> ことを決定いたしました。もちろん、パートさんを含めた社員
> 全員に100％の給与支給を行います。
> 先生にご指導をいただいた道を進み、強くやさしい会社づくり
> に邁進いたしますので引き続きよろしくお願いいたします。

＜株式会社堀田ハガネ（大阪府堺市）
　堀田靖社長＞より

> 雇用を守るとの言葉を発しているので、派遣社員にも同じ考えでいるつもりです。
> 本当は、4月に育児で休んでいた社員が戻ってくるので、6月末までと派遣会社には通知していたのですが、今やってしまうと次の当てのないまま放りだすことになるので、本人には次の仕事を探すことを条件に1ケ月ごとに更新する旨を伝えています。
> 人本経営を貫くことはしんどいなと感じる反面、この考えがなかったら、どういう道を進んでいたのだろうかと怖くなります。

 ## 「社長＝社員代表」である

　もちろん各社には、売上の減少といったコロナ禍による業績への影響が及びました。

　しかし、経営者の皆さんは、何も悪いことをしたわけではないのですから、そのことで社員を犠牲にするということはありえないのです。

　人本経営を志している経営者は、「自分が社員の代表者」だと考えて行動しているのだということが伝わってきました。

　コロナ禍にあっても、働いている社員ならば、この危機に放り出されずに、雇用を守ってほしいと誰もが願うことでしょう。

　だから、社員代表である経営者自らが、「誰もリストラをしない」と、いの一番に宣言できるのです。

　ピンチに際しても、幸せ軸がぶれないトップの思いに対して、社員たちは、一丸となって難局に向かっていきます。

V字回復を遂げる人本経営の実践企業

そうした経営者の本気の背中と心に触れた社員たちは、いまこそ力を一つに合わせて乗り超えようと行動していきます。

ピンチをチャンスととらえて、一枚岩になった組織は強いです。

いったん落ち込んだ業績は、各企業によって時間差はありますが、その後、V字回復を遂げているのです。

コロナ禍が教えてくれた人本経営の確かさ、強さ

それまでの人本経営の浸透度が進んでいればいるほど、コロナ禍による経営への打撃は深刻化せず、また立ち直りも早い傾向にあることが確認できました。

社労士として、人本経営の伝道を使命として活動をしてきた結果、150社の指導先では、パワハラはおろか労働紛争、労務トラブルの発生は、ほぼ皆無の実績となっています。

ほとんどすべてのクライアントが、人本経営を本気で志していただけるようになり、このコロナ禍でも、たくましく、そして、やさしく乗り越えようとしている姿をみて、やはり人本経営は混迷する社会にあって、絶対的な正解だという感を一層強くもつようになりました。

生き残るのではなく、生まれ変わる

社会の大前提が変化したいま、従来の拡大再生産をはかる業績軸の価値観で生き残りをはかるのではなく、右肩下がりの状況でも、持続可能性を高め続けられる幸せ軸の人本経営を実践して生まれ変わることを、ぜひめざしてほしいと願わずにはいられません。

その実現のためには、次ページ上図の「3つの視座」をはっきりと掲げ、日々、意識して行動していくことに尽きるといえるでしょう。

◎幸せ軸がぶれない３つの視座◎

- 短期的な急成長でなく、永続的な安定成長を実現する

- 業績は目的ではなく結果と心得る

- 目的は関わる人の幸せの増大にあり、その実現に腐心する

心が定まれば、そのとたんに視界が良好になっていきますし、業績軸の陥穽にはまることが防げるようになります。

 魑魅魍魎な業績軸ワールド

たとえば、現在の株式市場は、業績軸の象徴といってよいでしょう。

もちろん、人を大切にする経営を立派に行なって、上場を果たした会社もあります。しかし、それは圧倒的に少数派というのが実態です。

人を大切にする経営の実践度が、上場基準に反映されていないのですから、致し方ありません。

その結果、幸せ軸からみると、矛盾だらけの世界に映ります。

毎日、株式市況が報じられ、各企業の株価が上がった、下がったということが繰り返されています。リストラやパワハラがまん延している企業の株価に一喜一憂するなど、魑魅魍魎なワールドにしか感じられません。

人本経営の手本としてめざすべき企業である「伊那食品工業」には、その財務の健全性から、上場の話は何度もあったに違いありません。

実際に申請すれば、何の問題もなく、店頭公開することは朝飯前

のことでしょう。

　しかし、現在の株式市場の審査基準は、自分たちが大切にしている経営哲学を推し進めることにならないと、上場には見向きもしていません。

　次章では、この伊那食品工業のベンチマークを行なって、幸せ軸の人本経営のあり方について、しっかりと腹落ちができるようにしていきたいと思います。

3章

人本経営のデファクトスタンダード
「伊那食品工業」

先駆企業のベンチマークは
きわめて価値ある経営課題

 人本経営の実現のために効果的な手法は？

　人を大切にする「**人本経営**」を実現していくために、もっとも効果的な手法は何かと聞かれたら、「幸せ軸で人本経営に成功した先駆的企業をベンチマークすることだ」と即答できます。

　なぜなら、いま、「いい会社」と称賛されている企業は、やはりそのことを実践し、創意工夫と試行錯誤をして、現在に至っているからです。

　ベンチマークとは、他社の優良事例を分析し、学び、取り入れる手法のことです。ここまで考察してきたように、拡大再生産を目標とした「業績軸の経営」と、人の幸せ追求を目的とする「幸せ軸の経営」は、そのあり方が真逆といって差し支えないくらい違います。

　だからこそ、歴史的変革期のいま、幸せ軸で人本経営に成功した先駆的企業をベンチマークすることは、きわめて価値のある経営課題となっているといって差し支えありません。

 人本経営の最高峰「伊那食品工業」のベンチマーク

　人本経営を実践している弊社のクライアントが、追いつこうと目標にしている会社の筆頭格が、長野県伊那市にある**伊那食品工業株式会社**です。

　筆者も10回ほど現地へ赴き、ベンチマークを重ねてきましたが、行くたびに気づきがあり、深く学びをさせていただく体験をしてきました。

　その結果、絶対に伊那食品工業のように経営のカジを切れば、持続可能性は高まり、永続の道へ確実に至るという確信をもつに至りました。

3−2

利益が先か、人本が先か

 塚越寛さんの至言

　人を大切にする人本経営を経営者やリーダーにすすめると、「人本経営の大切さはわかるが、利益がなければ始まらない」という発言がよく出ます。

　これについて、現在の伊那食品工業の土台を築いた塚越寛さんは、次のように一刀両断に答えます。

> 　「快適な職場づくりは、利益があるからできるのでしょう？」と言われることがありますが、それは違います。バランスを取りながらも、たえず快適な職場づくりを重ねてきた結果、収益力があとからついてきたのです。
>
> 　会社が利益を求めるのは、「社員と周囲の人の幸せ」という究極の目的のために必要だからです。その利益を使ってみんなが幸せになることや、そこから納めた税金によって世の中がよくなっていくことが目的です。
>
> 　利益はそこに用いられる手段であり、利益を得ることは、目的の一歩手前にある目標に過ぎない。
>
> （文屋発行『末広がりのいい会社をつくる』より）

　物心両面の幸福を実現していくことを掲げる経営者が増えています。それはけっこうなことなのですが、卵が先か、鶏が先かの議論があるように、これをどう実現していくかについて、明確に考えをもっている経営者は少ない気がします。

　企業経営でいえば「利益」が先か、それとも「いい会社」をつく

る決心が先なのか、という問いかけといってよいでしょう。

　利益（物）か　幸福（心）か、どちらを優先するのか——これについて、どうとらえておけばよいのでしょうか。

 ## 過去の偉人たちにも共通する認識

　これについては、多くの偉人たちも明快に答えを出しています。

二宮尊徳	道徳なき経済は罪悪であり、 経済なき道徳は寝言である
渋沢栄一	論語と算盤
出光佐三	心の安定こそ真の福祉である

　上記の傑人は、塚越寛さんも影響を受けたとたびたび引き合いに出される方々ですが、異口同音に、優先させるのは「心」であると示しています。

　尊徳が、経済ではなく道徳を先にもってきていることからも明らかですが、根本は道徳、つまりは先に心であることが必須です。

　ある程度稼げるようになってから、体裁を人本経営に整えるという選択肢はあり得ないのです。

　なぜなら、どこまで利益があれば人本経営を邁進できるようになるか、など推し量ることは不可能だからです。

　欲は生きていくためになくてはなりませんが、本能である欲を律しないと、すぐそこに破綻が現われます。強欲、物欲、貪欲、色欲など欲がつく言葉を思い浮かべれば、このことは容易に理解できます。

 ## 欲にまみれて急成長し、破綻する事例は後を絶たない

　事業が当たり出して急成長に走り、自制を失う経営者のニュースはとても多いものです。

　結果として経営は破綻し、多くの社員の雇用を壊し、取引先に打撃を与え、社会の資源を無駄にしていきます。まさしく、それは尊徳がいう"罪悪"に他ならない状態です。

📖 論語と算盤

　渋沢栄一が幼かった幕末の時代は、武士が農家や商家の借金を踏み倒したり、きちんと返せなかったりと、経済が回りきっていない時代でした。「論語100の算盤0」という状態です。この状態では、いくら人格を磨いても、経済はきちんと回らず、社会が豊かにならないことを渋沢栄一は学びました。

　そして明治維新後、渋沢栄一をはじめ幕末を生き抜いた「論語を学んだ人間」が、さらに西洋の科学技術と資本主義を学び、「論語50の算盤50」というバランスを実現して、明治初期の近代日本の土台を形成しました。

　しかし、明治後期になると、子供の頃に論語を学ばず、西洋の科学技術のみを学び、資本主義の金儲けばかりを優先する人間が育成されるようになりました。「論語0の算盤100」の状態です。

　そんな状態を憂いて、栄一が世に示したのが、大正5年に発行された『論語と算盤』でした。人間は「論語で人格を磨くこと」と「資本主義で利益を追求すること」の両立が大切と説きました。

📖 出光佐三…心の安定こそ真の福祉である

　戦前、戦中、戦後のいずれにあっても、その時代が支配する権力や同調圧力に屈せず、人間尊重という、言うは易く行なうは難い崇高な信念をぶれずに貫き通したのが出光興産創業者の出光佐三です。

　その物語は、「海賊と呼ばれた男」というタイトルで近年、映画化され、多くの人に知れわたることとなりました。

　その原動力となった根本の思想哲学は、コロナ禍にあるいま、私たちが確かな経営のあり方として改めて刮目したい、人を大切にする「人本経営」に通底するところが多々あります。

佐三は、資本主義、社会主義、共産主義といったイデオロギーの争いに人間が振り回されるのは滑稽だと喝破しています。

　　いかなる主義にもいいところはあるが、人間が考え出したものだから完全な主義はない。だからいいところはとり、悪いところは捨てて活用しなければならず、とりもなおさず、それをやるのが人間である。ところが今日では人間が主義の奴隷になっているのが実情。世界の人々が求めている福祉はお互い仲良く助け合うことで、人間の働く意味がそこに出てくる。人間は働かなければならない。しかも、お互いのために働かなければならない。自分のためのみならず人のために働く。そこに真の福祉がある。そして人のために働くなら能率をあげなければならない。能率をあげることでは資本主義が最も適している。しかし資本家の搾取という欠点がある。であるから資本主義から資本家の搾取をとってしまえば能率主義となる。一方、社会主義・共産主義は働く人を尊重するところはいいが、社会主義は国営で非能率、共産主義は悪平等で人間性が無視される。社会主義・共産主義の働く人のためをとり、能率主義の資本主義と組み合わせると働く人の資本主義ということになる。

（春秋社発行『働く人の資本主義』より）

 ## 時代を超越する本質論

　佐三は、「今、昔に比べ文明、文化は非常に進歩して物質的に豊かになっているから、平和に仲良くやっているかというとそうではない。自分の権利、自由ばかり主張し対立、闘争が起き、人間が物に引きずり回されて物の奴隷となり、心の福祉は失われている。衣食足りて礼節を忘れているのが現状」と、まるで今世を指しているかのごとき指摘をしています。

　そして、「人間には神や仏のような立派な面とそうではない面が

ある。これを神性と獣性と呼ぶ。できるだけ獣性をおさえて、神性を伸ばすように努力していかなければならない。人間がこういう矛盾性をもっている以上、第一義的なものは心の福祉であって、物の福祉は第二義的である」と明確に語っています。

出光佐三に影響を受けていた塚越寛さん

塚越寛さんは、その著書『末広がりのいい会社をつくる』（文屋発行）において、「大規模なリストラで社員に犠牲を強い、会社の株価を高騰させるような株式市場のあり方は、本来の目的である『社員の幸せ』に全く逆行しています。上場企業は四半期ごとの決算を求められますが、これは投資家のためであり、社員の幸せのためではありません。会社経営においては、社員や事業現場、世の中の変化に対して、常に長期的な視点を持たなければならないと思います。このような理由から、上場はおこなわないのです」と、現在の株式市場に対しては、人を大切にする人本経営にとって意義を見出せないと断じています。

また同書で、「決算に対する私の考え方は、出光興産株式会社の創業者、出光佐三氏の影響を受けています。出光氏は『株式上場はしない』『社員を大事にする』という考えをもった経営者でした」と、注目すべき記述を残されています。

やはりというか、むしろ当然というべきですが、必然的に出光佐三と塚越寛さんはつながっていました。

100年先のために
今日大事にしたい3つの心がけ

 今日大事にしたい3つの心がけとは

　究極の人を大切にする会社、伊那食品工業を育て上げた塚越寛さんは、関わるすべての人が幸せになる「いい会社」づくりのための数々の名言や教訓を残されています。

　そのなかで、100年先に関わる人々が「いい会社」だと言ってくれるために、「**今日大事にしたい3つの心がけ**」があるとして示された経営方針は、どんな企業にも当てはまる秀逸な教えです。

経営方針1…「無理な成長は追わない」
経営方針2…「敵をつくらない」
経営方針3…「成長の種まきを怠らない」

 無理な成長は追わない＝年輪経営

　「伊那食品工業では、コロナウイルスの感染拡大で景気が低迷したからといって社員を切るなどということは絶対にあり得ません。そのためにずっと取り組んできたし、売り上げが半分になっても社員を2～3年雇用するくらいの力はあるつもりです」

　コロナ禍がいよいよ深刻化し、社会に暗い影を落とし始めた2020年4月、塚越寛さんはそう語っていました。

　コロナごときにうろたえていないのです。こういう非常事態を想定して、毎年成長を重ねて蓄えてきたからびくともしない、ということです。

　実際、その後、現在後継者として同社を率いている塚越英弘社長にお話を聞くと、「コロナ禍で会社の売上は1割減になったが、例

年通り２％の昇給を実現させています」と語られています。

「業績が悪いと給料を上げない、という企業があるが、業績云々ではない、まず上げる。うちは全員、毎年昇給していく。そのほうが幸せだからそうする。それが当社は当たり前。その状態をつくり続けていくために、経営をどう考えるか、どう行動するかが決まっていく」と、これぞ幸せ軸経営だと胸を張って塚越英弘社長は体現されています。

リーマンショックやコロナ禍のような、社会情勢の変化は避けがたく発生してくるものだからとそれを織り込んで、平時にどれだけ会社経営を安定させ、内部留保という蓄えをし続けていくことができるかが、持続可能性を高めるカギになるというわけです。

これを塚越寛さんは「**年輪経営**」と呼んでいます。

大木は、どんな自然環境にあっても毎年、年輪を刻んでいきます。年によって年輪の幅には多少の差は出ますが、確実に成長を続けていきます。

そうして、少しずつゆっくりと幹を頑丈にして、目に見えない土のなかの根に養分を与え、しっかりと大地に這わせていきます。それにより、台風がきてもびくともしない頑丈な木になっていきます。

一方、急成長をした木は、背は高くなるものの、ひょろひょろで根づきも確かではないので、吹き荒れる暴風雨に耐え切れず、根こそぎ倒れてしまいます。

毎年、身の丈に応じて木の年輪のように確実に１年ずつ成長をし続けていき、最長で48年間、増収増益を継続し続けた伊那食品工業の確かさがコロナ禍で証明されました。

この年輪経営を学んだ弊社のクライアントでは、「期初に収益の４割は内部留保、４割は社員還元、２割は設備投資」といったことを宣言し、実際に収益をそのように取り扱っています。

社員たちは、自社で働くことに安心感をもち、将来に希望をもち

ながら仕事に没頭できるようになったと感じています。

敵をつくらない経営

　先の経営方針２としてあげた「敵をつくらない経営」についても、筆者は直接、塚越寛さんからうかがったことがあります。

　すると、「たとえば、取引先にカネを払っているのはこっちだからと言わんばかりに、ぞんざいに扱うような態度をとらないことだよ」と教えてくださいました。

【下請けいじめが招く悲劇】

　「下請けいじめ」という残念な言葉があります。

　発注している側の大企業が、経営的に追い込まれ、下請け企業に、それでどうやって利益を出したらいいのかという発注額の見積りを迫ることや、これ以上無理だというコストダウンを求め続けていくという哀れな実話は、これまでもビジネスシーンのなかで報じられてきました。

　リーマンショック後に衰え、海外に資本を牛耳られて日本の企業ではなくなってしまった大手家電メーカーの傘下で、長く下請けをしていた経営者がインタビューをされていた記事がありました。

　なんと、その下請けの社長はあろうことか、「ざまあみろと思う」と答えているのです。

　自分の会社も存亡の危機にあるわけですが、積年の下請けいじめが言わせた言葉でしょう。

　ずっとそんな気持ちで仕事をしていたら、大企業から言われたことしかしないアウトプットになっていたことは想像に難くありません。

　たくさんの下請けが、そんな業者ばかりであったため、このメーカーの商品はいつしか魅力がなくなり、衰退していったのではないかと感じてしまいました。

テーマパークとなっている本社

　伊那食品工業の本社は「かんてんぱぱガーデン」と呼ばれ、東京ドーム2つ分の敷地内はきれいに整備され、誰もが自由に出入りできるようになっています。

　ガーデンには、健康パビリオンや野草園、芝生広場、美術館などがあり、1日中いても飽きない空間になっています。それは、もはやちょっとしたテーマパークで、年間35万人もの来客があるほどです。

　伊那食品工業は、交代制勤務を強いておらず、いわゆる一直で18時には工場は閉鎖となります。夜は、家族と団らんする大切な時間と考えているからです。そして、残業なしで継続的に成長できる事業体制こそが「年輪経営」だというわけです。

【夜は営業しない、その理由】

　かんてんぱぱガーデンには、寒天料理を食べさせてくれるレストランや、信州ですからそば処など4つの飲食店があります。これらのお店も、同時刻に閉店になります。たくさんのお客さんがいますから、夜も営業すれば儲かることは確実ですが、それをしません。

　せっかく伊那にやってきたのなら、地元には美味しい郷土料理や名物料理があるのだから、夜はそういうお店で食事を楽しんでもらったらいいという発想もあるのではないでしょうか。

　実際に、夜になると地元の飲食店にお客さんは流れていき、そこでは「昼は、かんてんぱぱガーデンに行ったんだ」ということが、店主との間で会話になるだろうことは容易に想像できます。

　するとその店主は、おかげで商売繁盛ですから、きっとこの言葉を口にするでしょう。

　「伊那食品工業は"いい会社"だ」

敵をつくらないということは、味方をつくるということ

　もし、伊那食品工業だけが独占的に儲かる存在ならば、地元の飲食店からは嫉妬ややっかみが生じるに違いなく、何かあったときには、地域の協力を得られない関係になってしまうことでしょう。

　それでは、会社の持続可能性に影響が及ぶのは必至です。敵をつくらない経営の大切さがそういうところにあるのだと、よく理解できますね。

　2章でみてきたように、生産年齢人口の激減が、多くの業界を斜陽化させています。

　長寿企業が多いとされる酒蔵も例外ではありません。国税庁の統計によると、清酒の消費量がピークであった1970年に3,533場あった製造免許場は、2018年には1,580場へと半減しています。

　酒蔵が廃業すると、伝統のある材料や商品、機械設備といった資産、また、従業員の雇用や取引先との関係も失われ、地域への影響はとても大きいものとなります。地元伊那にある酒蔵も衰退の流れを食い止めきれず、廃業せざるを得ないという憂き目にあいました。

【傾きかけた地元の酒蔵を救済する】

　そのことを聞き及んだ伊那食品工業は、傾きかけた老舗の酒蔵の救済に乗り出しました。

　日本酒「今錦」を製造する米澤酒造という会社です。

　伊那谷には、酒米をつくっている棚田が広がっています。山に登ってこの風景を一望すると、とても美しく、ため息がもれます。

　酒蔵がなくなるということは、この原風景がなくなることを意味します。

　かんてんぱぱガーデンに力を入れているのも、単なる会社の所有物ではなく、「美しい」街づくりに貢献したいという思いからです。地元の酒造りが途絶えれば、どうなるか…。

【いまこそ地元のために】

　そこで、伊那食品工業は決断します。8億円という巨額な資金を投じて、事業承継をしたのです。

　旧会社の借入金は全部返済して、社員には給料もしっかり払って、全部きれいにしてから、会社を買ったということです。

　また、近年の人気がでる日本酒造りにもこだわり、新商品も開発していきました。

　その話を聴いて、さすがにたいしたものだと感心したものです。

【長野駅のお土産コーナーで見た奇跡】

　数年前のある日のことでした。その日は、伊那食品工業にベンチマーク視察をさせていただき、帰路、長野駅に立ち寄りました。

　地元銘産のお土産コーナーに立ち寄ったときに、「あっ！」と唸ってしまいました。なんと、伊那食品工業が承継した米澤酒造の「今錦」の特設コーナーが目に飛び込んできたからです。

　もちろん、同社の営業も優秀なのでしょう。しかし、それ以上に伊那食品工業がそこまで頑張っているなら、応援しないわけにはいかないという地元の皆さんの意思を感じずにはいられず、感動してしまいました。

　そして「敵をつくらない」ということは、「味方をふやす」ことなのだとはっきりと学ばされたのです。

成長の種まきを怠らない

　100年先にも、「いい会社」だとまわりが言ってくれるための第3の心がけが「**成長の種まきを怠らない**」です。

　現状維持では、実質は後退をしているのだと指摘されることがあります。

　世の中は、絶えず進化、進歩していきますから、いままではそれでよかったことが、気がつくと時代遅れになっていたということは往々にして生じます。

　企業経営においても、このことは明確に問われます。

　常に進歩し続けていくために、この「成長の種まきを怠らない」ということを、伊那食品工業は大切にしているわけです。

【用途開発が命】

　具体的にいうと、伊那食品工業では、寒天という素材をつかって、どのような用途開発ができるか、徹底的に情報を収集し、考え抜き、新商品を生み出し続ける努力を怠らないということです。

　同社では、社員の1割を研究職にあてています。そして、利益の1割も研究開発費にあてています。未来投資です。

　本社にある研究棟は、よく見かける大学施設のそれよりも遥かに立派で目を見張らされます。

　1973年に自社内に研究室を設け、寒天の原料である海藻や生産技術の本格的な研究にとりかかったそうです。研究室では、寒天を材料とする新商品・新用途を次々と開発し、医薬・化粧品・バイオ・介護食など、新市場を開拓し続ける歴史をつくってきました。

　結果として、単なる食品メーカーから「総合ゲル化剤メーカー」へと、高質の事業体へと脱皮を遂げています。

【あらゆる展示会に顔を出す営業マン】

　同社の営業マンは、およそあらゆる展示会に出かけていきます。

そして、出展社に、「当社は寒天を素材にしたメーカーです。何か、お困りごとはないですか？」と情報発信を続けています。

すると、ある玩具製造の会社から、こんな話が出ました。

「先日、当社の製品のおもちゃの粘土を小さい子が誤飲して問題になってしまった」

これを聞くや、営業マンは「それなら、食品である寒天を素材にして粘土をつくったら、万一、子供が誤飲しても安心、安全ですね」と切り出し、その情報を持ち帰って研究職に伝えます。

研究所では、試作を重ね、同じ寒天でも、普通の粘土に負けない品質の見本をつくって商談を進め、ついには「あんしん素材　かんてんねんど　プチカラット」という商品の実用化に至ります。

【価格競争に巻き込まれない世界】

また、大手化粧品メーカーとタイアップして開発した、寒天を使った口紅は、潤いをもった"落ちない口紅"として発売され、2か月で130万本を売る大ヒット商品になりました。コロナ対策でマスクをする女性に大いに受けたというわけです。

常に新商品を提供し続けている限り、価格決定権は製造側にあるので、価格競争に巻き込まれる心配はなくなります。

つまり、ブルーオーシャンの環境状況をつくり続けていけるのです。この状態をつくることが、企業の永続には重要であると塚越寛さんは考えているのです。

そのためにも、未来投資を欠くことはできないと、今日も心して余念がありません。

伊那食品工業に学び、実践していきたいこと

　ここまでみてきた、100年先にも「いい会社」であるための3つの心がけは、業績軸から幸せ軸へ、経営のあり方を変えていきたい経営者、リーダーには、ぜひとも自社で模倣実践してほしい秀逸な教えです。

　さらに、これまで筆者が同社の視察を重ねて学んだ実利のある考え方を、まとめておきたいと思います。

社員が健康でい続けられるようにしていくこと

　まずもって、「わが社で働いてくれている社員を健康にしていくこと」、これを実践していくことが幸せ軸の第一歩です。

　かつて、伊那食品工業にも貧乏な時代がありました。それでも、少しでも健康になってもらいたいと牛乳の配給や月500円のお菓子代の支給という、本当にできることから始めています。

　塚越寛さんは、「社長が社員の健康のことを考えて行動していけば、社員は『私たちのことを大切に思ってくれているのだ』と心からわかる」と語っています。

　社員が健康でいるためには、長時間労働は論外であるし、ストレスがかかるような仕事のさせ方もあり得ません。いわんや社内にパワハラや労働紛争、労働災害を発生させるなどということは、あってはならないことです。

　この学びを活かして、弊社のクライアントでは以下のような取組みを行なっています。

●禁煙手当（5,000円／月）を創設

- ●全社員「がん保険」に加入、人間ドック料金は全額会社負担
- ●原則、残業なし
- ●住宅手当の支給…通勤時間を短縮するために会社の近所に引っ越した社員に対して賃料の一部を補てん

 ## 利益はウンチを腹落ちさせる

「利益はウンチ」という言葉は、塚越寛さんの有名な格言です。

後継者の現・塚越英弘社長も「売上、売上と考え方が数字になっていないか？　利益って何なんだ？　利益は最後に残ったもの、そうウンチである」と先代の名言を重ねていました。

数字の病気にかかっている人が多いと、組織は不健全になり、むしろ出るはずの利益すら出なくなるという、この言葉の意味には、ドキッとさせられました。

だから、伊那食品工業では数値目標はないとのことです。なぜ、数値目標はないのか。

「人はだれも、明日どれくらいウンチを出すかなんて考えていない。会社も同じだから。健康だと、毎日適切にウンチは出てくる。だから、『健康』を考えることが大事。どうしたら毎年、利益が出る健康な体質をつくれるか、ここに主をもってくる」

「会議は、皆がわざわざ集まる場所、それなのに数字のことで時間を使うことはもったいない。そうではなく、せっかく集まったのだから、これから何をするのか、何をどうやっていくか、どう展開していくか」

これらの対話をしてこそ、意義があると塚越社長は語っていました。

 ## 企業価値の本当の意味

「仕事とは価値を生んでこそ仕事といえる。それが一番大事なこと。では価値とは何か。それはファンづくりである。いかにお客さ

んが自分たちを好きになってもらえるか、ずっと続けて商品を購入してくれるファンにどうやったらなってくれるか、これを考える、そういう仕事をしよう、そのための会議だ」と塚越社長。

　ぜひ、伊那食品工業の考え方を参考にして、あなたの会社でも「幸せ軸経営」を進めていきましょう。

4章

人本経営を実現するための
10のプロセス

この章では、人本経営を実践していくプロセスについて解説していきます。

　プロセスといっていますが、これは時系列ではなく、同時並行的に進める場合ももちろんあり得ます。

　「人を大切にする経営のあり方」ととらえてください。

人本経営を実現するために実践していくこと

　1．何のための会社、仕事なのか幸せ軸で明確にする
　2．その価値観にあった人財を採用していく
　3．「いい会社」の指標を理解して実現をめざす
　4．いいものをつくるだけでなく、売る努力をする
　5．社風をよくして対話の促進をはかる
　6．支援型リーダーシップの組織的実現
　7．人間力を磨く人財養成
　8．直接的な社会貢献活動
　9．「いい会社」ベンチマークの定期的実施
　10．効果定点測定

では、それぞれについて解説していきましょう。

4-1

何のための会社、仕事なのか
幸せ軸で明確にする

 問題が起きないのが「いい会社」ではない

　よく誤解されるのですが、問題のない会社が「いい会社」ということではありません。

　「いい会社」をつくったからといって、日々、問題が起きなくなるということは決してありません。諸行無常の世の中で人生を歩んでいけば、さまざまな出来事が起こるように、会社も法人ですから、その活動プロセスでは、いろいろなことが起きてきます。まさしく無常です。

　ですから、世間からどんなに「いい会社」といわれる会社をつくったとしても、その経営者から悩みが消えることはありません。

　けれども、判断、決断、行動にぶれることはありません。軸というべき方針が明確に定まっているので、ぶれなくなるのです。

　それは、いうまでもなく会社が何のために存在しているのか、経営理念が明確に定まっていてなせる業です。

　このことについて伊那食品工業では、「マニュアルや目標数字のある会社は世の中にたくさんあります。でも、何より大事なのは羅針盤となる社是ではないかと当社では考えています。社是は、会社を構成するすべての人の共通の土台であり、道標です」と説明しています。

　「社是」とは、経営理念を一言で言い表わした標語です。有名な同社の社是は、「いい会社をつくりましょう～　たくましく　そしてやさしく～」と定められています。

　「いい会社」は、自分たちを含め、すべての人々をハッピーにします。そこに、「いい会社」をつくる真の意味があるのです。

　企業は本来、会社を構成する人々の幸せの増大のためにあるので、

売上や利益の大きさよりも、会社が常に輝きながら永続することにつとめると、同社はその思いを明快に説明しています。

　人を大切にすることを経営理念に定め、日々実践していくことを「**理念経営**」といいます。幸せ軸がぶれない社是を掲げて、前へ前へと前進していきましょう。

　ちなみに、理念経営のことを「パーパス」と置き換えて、さも新しいことのように展開する識者、論者がいます。

　呼び方はどうでもいいですが、大切な視点は、人が幸せになっていくことを目的化しているかどうかということです。

　これを中心から外したのでは、永遠に幸せ軸経営は実現できないことを肝に銘じてください。

その価値観にあった人財を採用していく

 採用を予定している部署のメンバーも採用に立ち会う

　すべての人々をハッピーにしていくことを、会社の目的と定めました。

　そうである以上、その目的に共感共鳴して、ぜひ一緒に働きたいという方を採用していきましょう。人材はまさに「人財」です。

　人本経営の人材採用において、大切なことは即戦力となるかよりも、**優れた人間性**の持ち主かどうかということです。

　せっかく組織風土がよくなったとしても、働く社員の価値観があわなければ、台なしです。

　仕事はできたとしても、価値観のあわない人材が入ってくると、組織風土に多大な影響を及ぼします。

　では、どうすれば価値観のあう人材を採用できるのでしょうか。

　本書の事例編で詳しく紹介しますが、求人広告で「当社は明確に幸せ軸経営をめざしているので、そういう会社、職場で働きたいという方はぜひご応募してください」とメッセージをしていくのです。

　思いのほか、このメッセージは求職者に伝わります。人は誰も不幸になどなりたくありませんから、当然といえば当然のことでしょう。

　そして応募してきたら、人事部だけでなく、採用を予定している部署のできるだけ多くのメンバーが採用の場面に立ち会い、そのメンバーの多くが「一緒に働いてみたい」という方を採用していけば、まず失敗はしないでしょう。

　もちろん、本当に幸せ軸経営をしていなければ、新入社員はがっかりして辞めていき、定着は難しいことはいうまでもありません。

「いい会社」の指標を理解して実現をめざす

普遍的な法則性を基準化してみると

800回にわたる、人を大切にする人本経営に励んでいる「いい会社」のベンチマーク視察をしてきてわかったことがあります。

それは、人本経営のやり方は無数でも、あり方はひとつだということです。「いい会社」といわれる会社を調査・研究した結果、それらの企業では、酷似した経営面での特長が存在しているということが判明したのです。

それは、まるで「法則」といっても過言ではありません。

やり方や言い方は違うけれども、その意味するところはこういうことだな、という一致性は、人本経営に成功している「いい会社」のベンチマークをすればするほど、見事に普遍的な法則性がみてとれます。

それは、次ページ以下の8ジャンル35項目の基準で示すことができます。数値基準のもの以外は、経営者やリーダーが「そうだと思う」と感じていても意味はなく、メンバーである社員が「そう感じる」という視点が重要です。

35の項目は、傾向（あり方）を掲げたもので、会社によっては選択されない項目もあり得ますが、「いい会社」といわれる企業では、総じて7割は該当しているとみられます。

8割以上該当、もしくは実践度が進化してくると、公的懸賞制度である「日本でいちばん大切にしたい会社大賞」を狙える水準に達することでしょう。

この「あり方」を踏まえ、わが社ではどうすればその状態に近づくことができるか、考えて行動を起こし実践していくことで、幸せ軸の人本経営は色濃くなってくるでしょう。

◎人本経営に成功した幸せ軸の「いい会社」といえる35の基準◎

＜経営理念＞

☐ 社員第一主義ということが感じ取れる

☐ 社員が共感共鳴している

☐ クレドなど浸透するための工夫努力をしている

＜経営者＞

☐ 人本経営を実践しようと志している

☐ リストラは決してしないと決意している

☐ 社員との対話を欠かしていない

＜経営状況＞

☐ 価格競争に巻き込まれないビジネスモデルを確立している

☐ 売上高経常利益率は５％以上である

＜採　用＞

☐ 新卒採用を実現している

☐ 学歴よりも人柄重視、理念に共感する人材を採用している

☐ 最初の会社説明会は経営者自ら行なっている

＜人材育成＞

☐ 長所伸展方針である

☐ 年間教育訓練経費は１人あたり５万円以上、または総労働
　時間に占める教育訓練の割合は10％以上である

☐ 表彰制度を活用している。ほめる企業文化がある

☐ 新人が先輩を手本として成長しようとしている

☐ 人間力を重要視した教育体系を実践している

☐ ２：６：２の下の２割は切り捨てられることなく底上げを
　していく

＜職場環境＞

- ☐ 年間離職率は３％以下である
- ☐ 人員整理のための解雇や退職勧奨は行なわれていない
- ☐ 労働紛争が発生していない
- ☐ 重度な労働災害が発生していない
- ☐ 定時で事業を回すことを基本としている。残業したとしても月平均10時間未満である
- ☐ 正社員比率は70％以上である
- ☐ 定年は定めていないか、本人が希望すれば定年後も就労することができる
- ☐ ノルマのような目標に対する強制性がない
- ☐ 賃金水準は世間相場を超えている
- ☐ 仕事の都合より家庭の事情を優先できる企業風土である
- ☐ 社員が自社株を持てるしくみがある
- ☐ 決算内容等経営情報が社員に公開されている
- ☐ 職務以外の親睦イベントを大切にしている
- ☐ 社員幸福度調査の結果は70％を超えている
- ☐ フラットな組織であり、上下ではなく同志的な人間関係が形成されている

＜外注先・仕入れ先＞

- ☐ パートナーとして尊重し、誠意ある対応を心がけている

＜社会貢献＞

- ☐ 障がい者法定雇用率を満たしている
- ☐ 社会貢献・地域貢献活動、文化・環境に関する活動に取り組んでいる

進化する35の基準

　この基準は、当初は34項目で公表していましたが、＜人材育成＞ジャンルの「２：６：２の下の２割は切り捨てられることなく底上げをしていく」という基準を2021年に追加しています。

　組織をつくると、成績優秀層・一般普通層・問題不調層の割合が、２：６：２の割合になるといわれる定説があります。

　これは、まさしくそのとおりで、ほかの動物ではわかりませんが、人間が集団化すると、どの組織でもそういう傾向がみられるから不思議です。問題は、下位層の問題不調層の２割をどうとらえ、どのような視座、視点で組織開発していくかということです。

　人本経営の真逆に位置する超成果主義の会社では、この層は貢献度が低い、お荷物的存在とされ、真っ先にリストラの対象になっていくマネジメントが横行していきやすくなるでしょう。

　とくに景気が悪くなると、その傾向は顕著になっていきます。

　この点について、あきらかに人本経営に成功している「いい会社」には、法則的にみられる特長を発見したのです。

　それは、けっしてこの層を切り捨てることのないマネジメントをしているということです。誰１人切り捨てない、というきれいごとを徹底しているのです。ただし、このマネジメントは、人本経営らしく、手間暇がかかるだろうことは想像に難くありません。

　しかし、だからこそ、この層がいま以上に力を発揮するようになっていく、あるいは、存在感を増すようになっていったときに、組織体としての企業にとっては、確実に底上げができて、素晴らしい年輪を刻んでいくことが実現できるのです。

　この下位層こそ伸びしろだと考えているわけです。

時代とともに改善される基準

　35の基準については、上記追加をすると同時に、カテゴリー＜職

場環境＞ジャンルで設定していた以下の内容を次のとおり変更しました。

（旧）「残業時間は月10時間以内である」
（新）「定時で事業を回すことを基本としている。残業したとしても月平均10時間未満である」

これは、残業時間の指標です。

それまでは、残業は企業経営にやむなしという考え方でしたが、これを改めて伊那食品工業が実施しているように、就業規則で定められた定時で退社することが、持続可能な経営を成り立たせているという視座を指標に盛り込むことにしました。

企業のスタートアップ時点、あるいは新人について例外はあっていいと考えますが、起業3年後、入社3年以降は、この基準が満たされていることを新指標としました。

この指標は、急成長を戒めること、行き過ぎた経済活動による環境負荷低減への貢献、そして何より、家族と過ごし、家庭円満を実現することに寄与する重要な要素であると考えました。

本書では、この35の基準について、紙面の都合上、これ以上深掘りはできませんが、何をもってクリアとするかのチェックポイントを詳細解説した資料「**人本経営35の基準クリアの実践ポイント**」を作成しています。

ぜひ、わが社でも今後、意識して取り組んでみたいと思われた読者の方は、「svc-post@sharedvalue.co.jp」宛てにメールで「人本経営35の基準詳細資料希望」と件名にご記入のうえご請求ください。無料でお送りします。

いいものをつくるだけでなく、売る努力をする

「いいものを安く売ろう」という発想はダメ

伊那食品工業と双璧で、「いい会社」づくりの目標としてベンチマークされているのが未来工業株式会社です。

創業者の故山田昭男氏も名言メーカーでいらっしゃいましたが、以下の提言は、多くの経営者はまさに心に受けとめておくべき含蓄があるのではないでしょうか。

「日本は、いいものを安く売り始めるようになってからおかしくなった。いいものを高く売る努力をしてこそ未来がある。

衰退の元凶は『いいモノを安く売ろう』という発想だね。その先にあるのは過当競争。これでどうやって儲かるんですか？ アメリカの製造業の経常利益率は平均で35％なのに、日本の製造業は3.5％しかない。日本のほうが技術は断然、優秀なのにおかしいでしょ。試しに銀座を歩いてごらんなさいよ。今や外国の有名ブランドの店ばかり。品質は日本製品のほうが上だけど、『高いほう（外国ブランド）』が売れる。そういう商売を日本がやらないといけないのに価格競争で疲弊してしまっているんだ。付加価値のある、差別化した商品をつくり、『高く売る』ことを考えなきゃダメ」

ぐうの音も出ない示唆です。では、どう高売りを実現していけばよいでしょうか。

高売りを実現する決め手は「有効供給」

この問いかけに対して、人を大切にする経営学会会長の坂本光司教授は、「有効供給がカギである」と次のように提言されています。

「会社の盛衰を決めるのは有効需要ではなく有効供給である。いかに市場にとって有効な、つまり価値のある財やサービスが供給さ

れるかで会社の盛衰が決まる。これが私の現場研究の結論である」

【現場にこそ答えがある】

　有効供給とは、難しい言葉ですが、要は、時間はかかっても要望に応えられるような新商品を開発して、さらに新たな顧客開拓やリピーターの継続を実現していくということにほかなりません。

　未来工業の有効供給は、「現場」です。

　同社は、電気設備工事関連の商品を開発しています。

　社員は、他社との徹底した差別化を図るため、電気設備の施工を行なう職人に徹底的に近づいて仕事上の問題点を聞き出し、どんな些細なことでも常に考えて工夫を重ね、その要望に応え続けています。

　同社の経営理念、社是は「**常に考える**」なのです。

　その結果、顧客満足度が高められ、絶大な信頼を得て、未来工業でなくてはならないという関係性を築いていくことで、いまの状況がつくられています。

　たとえば、スイッチボックスにも100か所以上の工夫がなされ、現場の職人がきわめて快適に仕事ができることを実現しているのです。

　すると職人は、自分が働いている会社に対して、「未来工業の商品を使ってほしい」とオーダーするようになるのです。

　オーダーされた会社も、職人が機嫌を損ねてはたまらないので未来工業に発注します。

　取引自体は"B to B"ですが、実は"B to C"を実現しており、関係の質は濃くなっているのです。

　いかに社員である「人」が大事なのかわかります。

 有効供給の実現事例

　さらに、わかりやすくするために、有効供給を実現している事例を紹介しておきましょう。

【個人市場で有効供給を生み出した島根の電気工事会社】

島根県で電気設備工事業を営んでいる島根電工株式会社という会社があります。

地域では大きな建設業ですが、デフレ経済がまん延し、公共事業は縮小の一途で大口の仕事は減る一方です。国の政策が悪い、こんな地方ではもう限界だ、など言い訳のネタはいくらでもあります。

しかし、同社は考えました。自分たちのもっている資源で、社会により役立つにはどうしたらいいのか。行きついた結論は、自分たちのもっている技術を、家庭の電気まわりでの小口工事を行なう事業に進出して、地域社会の困りごとを解決しようという有効供給でした。

そのサービスは、「住まいのおたすけ隊」と銘打たれて、いまでは県内では知らない人はいないほどに浸透しています。

「電化住宅にしたい！」「トイレを温水洗浄便座にしたい！」「セキュリティーシステムをとりつけたい！」「太陽光発電システムをとりつけたい！」といった家庭での電気まわりのニーズに応えることにしたのです。

自分たちの仕事は、単なる電気工事ではなく、快適な空間を提供していくサービス業であると位置づけ、お客様と接する現場で決定的瞬間をつくる社員が、期待を超える感動を生み出し、たくさんのファンを獲得し、いま、この事業が大きく会社の利益に貢献しているのです。

【お洒落に気をつかう団塊の世代に有効供給を実現】

香川県にある株式会社スワニーが営んでいる手袋産業は、かつての6割の市場規模になっている斜陽産業です。

しかし、業種、業態が悪いと言い訳せずに、持続可能性を高めるために事業の多角化を図っていきました。

1997年からキャリーバッグの製造に乗り出し、現在、同社の売上に占めるバッグの割合は25％にまで進展。利益構成では手袋4に対

してバッグ6と、同社の持続可能性を高める事業へ成長させています。どんな有効供給があったのでしょうか。

同社の製造するバッグは、四輪で駆動するモノに特化しています。体の脇でともに移動することが可能です。研究開発を重ね、特許を取得し、体を預けても支えて移動を楽にしてくれるという用途が加わったキャリーバッグなのです。

これがいま、団塊の世代の女性を中心に引っ張りだこになっています。その製品を使ったお客様からは、たくさんのサンキューレターが同社に届きます。たとえばこんな感じです。

「高齢になると、膝が痛くなったり外出するのもおっくうになるところ、スワニーのバッグを使ってからは、こんなに便利な商品があるのだろうかと感激しております。デザインも年寄りくさくなく、オシャレでお出かけするのが楽しいです。高価ではありますが、それだけ値打ちのある商品だと思います」

おしゃれに気をつかう団塊の世代は、まだステッキをついて街を歩くことには抵抗があります。でも高齢化とともに、どうしても足腰が弱る人が増えています。そこへ、体を支えて移動をサポートし、しかもおしゃれなバッグというのですから、一気に火がついたというわけです。

いいかげんな経営者には恐ろしい未来が待っている

島根電工にしてもスワニーにしても、有効供給を実現しているのは社員1人ひとりの力の結晶です。

坂本先生はこうもおっしゃっています。

「市場は、なければ創造すればいい。大切なのは、いかにその市場にタイムリーに、価値ある商品やサービスを提供できるか。その供給をするのは社員です。ところが、社員をコストとしか見られず、景気の調整弁にしているような『いい加減な経営』をしている会社には、優秀な社員は集まってこない。あるいは、育たない。辞めて

しまう。お客さまだって、人を人とも思わないような会社の商品は買おうとしなくなる。そのときに対応できる人材がいないと有効な供給ができず会社はつぶれてしまいます。今後、そういった状況はより顕著になることでしょう」

【人を大切にするから有効供給が実現できる】

　世のため、人のためになるサービスや商品を世に提供しているという自負があるのなら、お客様に喜んでもらうことが仕事のめざす姿になるはずです。

　そして、喜ばせるのは経営者やリーダー１人だけでは限度があり、社員が自分と同じ意識で意欲的に仕事をしてもらえることが、より多くのお客様を喜ばせることにつながると考えるはずです。

　そうであれば、社員がどうすれば日々、やりがい、いきがいをもって働いてくれるようになるかを、何より大切に考え、行動していくことになるでしょう。

　これが「**社員第一主義**」です。

 ## 伊那食品工業の未来投資は有効供給づくり

　よりよい商品づくりのためには、協力会社の社員の方たちにも、同様に力を発揮してもらう必要がありますから、間違っても下請けなどに対するようなぞんざいな態度ではなく、パートナーシップを発揮して良好な関係を築いていくことでしょう。

　そうして丹精込めた商品やサービスに触れたお客様は、ますますあなたの会社のファンになっていってくれるはずです。

　もちろん、いい商品をつくったとしても、黙っていては売れませんから、マーケティングや広告の効果的な手法を活用することは当然です。この努力を怠ることを、二宮尊徳は「寝言」と言い放っているのです。

　伊那食品工業では、「**成長の種まきを怠らない**」と、人に対する未来投資を実現してきたことは前述したとおりです。

伊那食品工業の営業は徹底しています。

　かんてんという素材を使って、どのような用途開発ができるか、さまざまな業界に食い込んでいく活動を展開しています。

　そして、見込み顧客からの要望に応えられるように、利益の10％と社員の１割の人員を研究開発に投資・投入しているのです。

　時間はかかっても、要望に応えられるような新商品が開発され、さらに新たな顧客開拓やリピーターの継続を実現していくわけです。

　これが、「有効供給を実現する」ということにほかなりません。

　一定の利益を、有効供給を生むことに回していくと、価格競争に巻き込まれない事業が成立します。

　こうして、健全な形で、利益はウンチのように毎日出てくるようになっていくのです。

4−5

直接的な社会貢献活動

98ページに、人本経営を実現するための10のプロセスをあげましたが、4の次の解説は「8．直接的な社会貢献活動」に飛びます。

飛ばした3つについては、それぞれ次章以降の個別の章で取り上げていきます。変則的になりますが、ご了承願います。

「5．社風をよくして対話の促進をはかる」→ 5章

「6．支援型リーダーシップの組織的実現」→ 6章

「7．人間力を磨く人財養成」→ 7章

 人本経営における社会貢献のあり方

人本経営における社会貢献の特長は次の3つです。

---

①本業もしくは本業領域で社会貢献する

②寄付型ではない社員が直接的に関わる社会貢献である

③地域住民の幸せを増大させている

人本経営に成功している企業では、事業そのものが、社会貢献になっているという事例が少なくありません。

利益が出ているから、その対策としてお金をつかう寄付型の貢献ではけっしてなく、社員が直接に社会貢献活動を行なっています。

それは、たとえば工場周辺の公道を社員たちが自主的に毎朝、清掃を買って出るといった卑近な取組みから、近所の福祉施設の支援を積極的に行なう、さらには雇用が進んでいない地域の障がい者を積極的に雇用していくといった本格的な取組みまでさまざまです。

障がい者雇用については、障がいがあろうがなかろうが、みな幸せになるために人生があるのだから、一切の偏見なく受け入れてい

るというケースが圧倒的です。

　法定雇用率の達成などという些末な目的で障がい者雇用に向き合う会社は皆無です。むしろ、障がい者雇用を真剣に実現していくことで、さらに人を大切にする経営の質感が磨かれ、人本経営に芯が通るといった感を強くもっています。

珠玉の取組みをする須山木材

　好事例はたくさんありますが、ここでは島根県出雲市にある須山木材株式会社をご紹介します。

　同社は、荒廃するわが国の林業界で輝きを放つ珠玉の企業です。明らかな国策の失政といえる結果と思われますが、日本は陸地面積の67％を森が占める森林大国であるにも関わらず、供給されている木材の約8割は輸入に頼っています。

　需要を外材に奪われた林業は、採算が取れず、多くの林業経営者は廃業していきました。林業の就業機会が減少し、若者は都市部へ職を求めるようになり、山村地域では林業の衰退とともに地域の活力も低下し、林業就業者の高齢化、後継者不足に頭を悩ませています。

　そうしたなか、同社では島根県内に500ヘクタール、東京ドーム100個分の社有林を有し、外部環境の悪化という要因をものともせずに、永年、売上高経常利益率5％以上という快進撃を続けている優良企業です。障がい者雇用率も7％と積極的です。

　さらに須山木材では、植林・育林・間伐など環境保全にも積極的に取り組んでいます。

　代表の須山政樹社長は、「地球のエアコンである山をきちんと手入れすることで、温暖化は防止できるはず」と語り、私企業が本業で環境破壊を防ぐという、国家に匹敵するほど価値のある社会貢献を実践しています。

「いい会社」ベンチマーク視察の定期的実施

ベンチマーク視察は定期的に実施しよう

伊那食品工業のように、確かに人を大切にする人本経営に成功している企業を実際に訪問し、経営者の思いや、いい職場の空気感を体感し、実際にそこで働いている社員の方たちに触れてみる「**ベンチマーク視察**」を定期的に実施することをお勧めします。

百聞は一見に如かずとは、まさしくそのとおりで、実際に現場で体感すると、五感に直接、響いてくるので、大変に深い学びをさせてもらうことができます。

業績軸から幸せ軸へ、経営のあり方を変えようと励んでも、どうしても意識にはアップダウンがあるものです。

定期的に、「いい会社」を訪れることで、俄然モチベーションが沸き起こります。そして、再び、幸せ軸への熱意が高まることを体感することでしょう。

社長やリーダーだけが行なうのではなく、できるだけ多くの社員にベンチマーク視察体験をさせると、なお相乗効果が得られます。

社員旅行を活用するのもアイデア

社員旅行を定期的に行なっているような会社であれば、行程のどこかで、その旅行先の地域で評判の「いい会社」にベンチマーク視察する時間を2〜3時間組むことを推奨します。

人本経営に成功している会社は、自分たちが実践してきたことが役に立つなら、同業の訪問であっても、そこまでの取組みについて熱心に手ほどきしてくれるケースがほとんどです。

真摯に「自社や指導先をよくしていくために、御社にて学ばせていただく機会をほしい」という目的を明確にして、先方へ打診して

いきます。

　窓口担当とのコネクションがない場合は、初回はホームページの問い合わせフォームから連絡してみましょう。

　希望日程、参加人数、参加者の顔ぶれ（役職や部署等）、自社のプロフィールなどの情報を要領よくまとめて提供します。

　参加メンバーが確定したら、マナーとして名簿を事前に送付します。謝金などについては当然、用意が必要です。どの程度の額になるかは、希望する視察内容によるので、希望を伝えたうえで、費用としてどの程度考えておけばよいのか率直に打診されるとよいでしょう。

　また、訪問当日には手土産を用意しましょう。そして、視察後は参加した社員の感想などを織り交ぜて、お礼の手紙などを忘れずに送りましょう。

ツアーの適正規模と貸し切りバスの活用

　一般的に、ベンチマークで企業訪問する際には、あまり大勢になると先方に負担をかけてしまうので、20〜25人程度までが適正規模といえるでしょう。

　何台もの車でうかがうことがないように、貸し切りバスをチャーターして、バス1台で現地訪問するようにしてください。

　バスを活用することは、企業へ訪問する際に車内で事前学習の時間が取れることと、帰りの道中でベンチマーク視察後の振り返りができるメリットなどの相乗効果が期待できます。

　弊社では、定期的に「いい会社」へ訪問するベンチマークツアーを企画し、参加者を募集しています。毎回すぐに定員に達してしまう人気イベントです。弊社ホームページで案内しています。

　また、人を大切にする経営学会でも、同様の企画をしていますので、そちらに参加されるのもよいでしょう。

効果定点測定
～「社員意識調査」の実施

　人を大切にする人本経営を実践して、「いい会社」づくりに励んでいる会社にとって、現状分析と自社の強み、改善点を把握していくことは、人にとっての人間ドックのように、非常に重要な経営上のチェック事項といえるでしょう。

 ## 社員がどう感じているかがすべて

　「人を大切にするといっていながら、そんなことするの？」という疑問や、「人本経営に共感しているといいながら、実際には行動できていないのでは？」という不満が出ることを経験してきました。

　結局、経営陣が「うちはいい会社にしている。できている」と言っているだけでは無意味なのです。

　社員が本当にそう感じているかどうか、これがすべてです。

　そのことを確認する重要な手立てが「**社員意識調査**」です。モラールサーベイやＥＳ（社員満足度）調査など、似たようなサービスはリサーチ会社でよくみられますが、弊社では、あくまで人を大切にする人本経営を実践していく組織を前提として、その進捗状況を的確に把握できることを企図して意識調査を開発しています。どのような調査をしているか紹介しましょう。

 ## ＳＶＣの社員意識調査のしくみ

　弊社の社員意識調査票は、問いの構成を大きく２つに分けています。１つは、直感的に感じている社員の幸福度を探ります。もう１つは、個別設問を用意して、どういった点に組織的な強みがあるのか、また、ここを改善していけば幸福度が高められるという具体的な実践ポイントを探っていきます。

①現状を認識する

　直感的に問う幸福度は、ズバリ「あなたは現在、仕事をしていて、また、いまの職場で働いていて、率直にどのように感じていますか。総合的に考えて当てはまる状態の番号に○印をつけてください」と7段階のスケールを提示して（下図参照）、感じるところにマーキングをしてもらいます。

　左側の軸が「幸福度」で、右側が「不満足度」という構成にしています。人本経営では、社員の不満をなくしていくことをもちろん意識していきますが、際限のない「満足度」を高めるのではなく、1人ひとりの「幸福度」を高めていくことが目的ですから、こういう設定になります。

【人本経営ができているとみなせるライン】

　上図の7から5に○をつけた社員が上位の層、4に○をつけた社員は普通の層、3から1に○をつけた社員は下位の層とみることができます。「上位：普通：下位」の割合は「2：6：2」が普通の会社の状態です。

　実際に調査をすると、社員それぞれの評点は分布するので、結果を100点満点に置き換えて指数化します。そうすると、幸福充足度指数が60％に達してくる会社は、確かに「いい会社」という雰囲気が漂っていることが確認できるのです。逆に40％未満だと、「悪い会社」の状態です。

　平たくいってしまうと、6割以上の社員が幸福感をもつ会社をつくることができたら、人本経営が実践できている会社の仲間入りをしたと考えてよいのではないかと思います。

②自社の強み、改善点を探る

続いて、なぜその幸福充足度になっているのか、人本経営的視点から下表のような9つのジャンルにカテゴライズして、設問を50問用意し、現段階での自社の「いい会社」具合を探っていきます。

ジャンル	調査でわかること
仕　事	働きがいの状態
上司・先輩・同僚	関係の質の状態
職　場	組織に対する信頼感
人材育成	将来に向けた健全性
報　酬	現時点での満足度
労働条件	社員の健康状態
環　境	働きやすさの状態
将来展望	会社への帰属意識
ワークライフバランス	仕事と家庭の両立度

「仕事」「上司・先輩・同僚」「職場」「将来展望」「ワークライフバランス」は主に動機づけ要因で、これらが高いと、モチベーションが高まると考えられます。「報酬」「労働条件」「環境」は主に衛生要因で、これらが低いと、不満足を感じやすくなるでしょう。「人材育成」はどちらの意味合いも含んでいます。

調査票では、上記の9つのカテゴリーに分けられた50の個別設問に対して「そう思う・まあそう思う・あまりそう思わない・そう思わない」の4択で回答を求めていきます。これらの50の設問についても、カテゴリーごとおよび各設問ごとに、充足度を指数化していきます。

充足度が60%を超えていると、健全性があると判断します。70%を超えているカテゴリーや設問はストロングポイント、逆に充足度が40%に満たない項目は要改善点と判断しています。

では、それぞれのジャンルについてその詳細をみていきましょう。

【「仕事」ジャンルの質問と留意点】

	No	質　問
仕事	1	現在の自分の仕事はやりがいがある
	2	自分の仕事の役割は明確でやらされ感なく仕事ができている
	3	現在の自分の仕事量は適度な量だと思う
	4	自分の責任を果たすのに十分な権限が与えられている
	5	自分の能力や長所が仕事に活かされていると思う
	6	仕事を通じて達成感を感じている
	7	仕事により自己成長を感じている
	8	プレッシャーを感じることなく落ち着いて仕事ができている
	9	特定の人に仕事が偏っていると感じることはない

　ここは、働きがいの状態をはかるジャンルです。

　やらされ感がないか、仕事量をどう感じているか、長所が活かされているか、そして成長実感がもてているか、といったやりがい、働きがいの、現時点での社員の充足状況を把握、確認していきます。

　設問2で、ギャラップ社のエンゲージメント12の要素（136ページ参照）の1番「私は仕事の上で、自分が何を期待されているかがわかっている」について確認できます。

　設問8は、心理的安全性が保たれているかどうかの確認指標となります。

　このジャンルの項目の充足度が高いと、職場定着がよくなり、安定した経営が実現できると考えられます。

　設問1の「現在の自分の仕事はやりがいがある」については、充足度60％は超えておきたい重要設問の1つといえるでしょう。

【「上司・先輩・同僚」ジャンルの質問と留意点】

	No	質　問
上司・先輩・同僚	10	自分と上司との関係はよい
	11	自分と同僚との関係はよい
	12	上司・先輩等で尊敬している人物がいる
	13	上司は率先して仕事に取り組み部下の手本となっている
	14	上司は仕事を計画的・組織的に行っている
	15	上司はチームワークづくりに配慮している
	16	仕事をしていて周りから支援されていると感じることが多い
	17	職場には仕事に厳しく向上心のあるメンバーが多いと感じる

　ここでは、職場での人間関係を把握します。すなわち関係の質の状態をはかるジャンルです。

　特に、重要な上司との関係性をあらゆる角度から把握していくことを試みます。リーダーに対する信頼度合を明確に測定して、結果の質に影響が及ぶ現時点での関係の質を数値化します。

　設問16では、後述する「支援型リーダーシップ」の発揮度がどうかということも確認します。

　また設問17は、ギャラップ社のエンゲージメント12の要素の9番「自分の同僚は、質の高い仕事をすることに専念している」を意識しています。

　このジャンルの項目の充足度が高いと、結果としての業績にも好影響が及ぶことが期待できます。

　反対に、上司に関連する設問が低いと、離職者を発生させるリスクが生じることになるでしょう。

【「職場」ジャンルの質問と留意点】

	No	質　問
職場	18	所属する部署では率直に意見具申できる雰囲気がある
	19	部門間、部課間の連携はうまくいっている
	20	性別に関係なく働ける雰囲気がある
	21	仕事を進める上で必要な規律やマナーは守られている
	22	所属する部署は明るく雰囲気はよい
	23	職場で自分が役に立っていると感じられる

　ここは、組織に対する信頼感をはかるジャンルです。

　自発性が発揮できているか、男女格差を感じていないか、他部署との連携状況、空気感はよどんでいないか、礼節は重んじられているかといった、職場の活性感について社員がどう感じているのか、現時点での状態を把握します。

　設問18で、何でも言える組織風土がどれほど醸成しているかを確認していきます。

　設問23では、幸せの形成に重要といわれている「人の役に立つ」実感をもてているかどうかをダイレクトに確認していきます。

　設問19の「部門間、部課間の連携はうまくいっている」については、各社、あまり充足度が伸びない傾向にあります。

　自部門は良好であっても、他者への配慮や思いやりをもつことの重要性を気づくきっかけになることが多いです。

　このジャンルの充足度が高いと、社風はよくなっていくと考えています。

【「人材育成」ジャンルの設問と留意点】

	No	質　問
人材育成	24	教育訓練の機会は十分に与えられている
	25	仕事上で、自分の成長を励ましてくれる人がいる
	26	自分に対する人事考課は公平で納得できる
	27	人事考課の基準は明確になっている
	28	自分の目標は明確である
	29	この半年の間に職場の誰かが自分の進歩について話してくれた

　ここは、人材教育や人材育成といった、将来に向けた健全性をはかるジャンルです。

　設問26の「自分に対する人事考課は公平で納得できる」は、重要項目の1つです。

　評価に対する納得感が高ければ、モチベーションへの好影響に連動するからです。

　設問25、29は、ギャラップ社のエンゲージメント12の要素を意識しています。

　それぞれ6番「仕事上で、自分の成長を励ましてくれる人がいる」、11番「この半年の間に、職場の誰かが自分の進歩について、自分に話してくれた」をそのまま採用しています。

　このジャンルの充足度が高いと、近視眼的でない先を見すえた経営体制が整い、キャリア形成をしっかりと描けている社員も多くなり、安定的な成長を実現していく「年輪経営」が近づくとみることができるでしょう。

【「報酬」ジャンルの設問と留意点】

	No	質　問
報酬	30	自分の現在の処遇（資格・ポジション）は適切だと思う
	31	処遇に関して上司と十分な対話ができている
	32	現在の自分の年収は適切だと思う
	33	現在の自分の年収は同業他社並またはそれ以上だと思う

　ここは、処遇、給与面に対する現時点での満足度をはかるジャンルです。

　シビアな内容ですが、このジャンルの項目の充足度が低いと、不平不満を口にする社員が多くなるでしょう。極端に低いと、他のジャンルに問題がなくても、退職者が発生するリスクが生じる可能性があります。

【「労働条件」ジャンルの設問と留意点】

	No	質　問
労働条件	34	現在の労働時間は適切である
	35	年間の休日、休暇は満足のいくレベルで取得できている
	36	残業手当、休日手当等に不満はない
	37	夏季休暇・年末年始休暇の日数は納得している

　ここは、残業や休日労働、休暇についての実感を把握し、これにより社員の健康状態を推し量ろうとするジャンルです。また、残業手当、休日手当の実態を確認します。

　充足度が低いと、欠勤者や過労障害が発生するリスクが生じることや、コンプライアンス違反が疑われます。

【「環境」ジャンルの設問と留意点】

	No	質　問
環境	38	福利厚生の制度や施設は充実している
	39	コンピュータ、工具等の機器・道具類は十分に整備されている
	40	仕事をしている場所の安全管理状態は良い
	41	仕事をしている場所の作業環境（空調・騒音・広さ等）は良い
	42	整理・整頓・清潔・清掃への意識が高く実践されている

　ここは、社員が快適に働けていると感じているか、という働きやすさをはかるジャンルとして設定しています。

　設問39は、ギャラップ社のエンゲージメント12の要素の2番「私は自分の仕事を正確に遂行するために必要な設備や資源を持っている」と関連する項目で、社員がここをどう感じているかは意外に重要です。「設備」「資源」とは、和訳の表現が堅いですが、「工具、器具、機器類」ということです。

　「社長は、『いい会社』をつくると言っているけれど、いつまでこんな年代物のパソコンを使わせるんだ？　動きが遅くてやっていられないよ」といったことになると、モチベーションをくじくことになります。

　最新設備ではなかったとしても、いわゆる3S（整理・整頓・清掃）や5S活動（3S＋清潔、しつけ）といった取組みに熱心な組織では、当然、このジャンルの充足度は高く出てくることでしょう。

　このジャンルの項目の充足度が低いと、労災発生のリスクが高まることが容易に予測されるところです。

　また、労働生産性に悪影響を及ぼす要因となっている可能性も高まります。

【「将来展望」ジャンルの設問と留意点】

	No	質　問
将来展望	43	会社の経営理念・経営方針に共感できる
	44	会社に愛着を感じている
	45	会社に将来性を感じている
	46	今後も今の会社で働き続けたい

　ここは、会社への帰属意識をはかるジャンルです。

　設問46のように経営者にとっては、気がかりな設問項目があげられています。とりわけ設問43の「会社の経営理念・経営方針に共感できる」は重要な設問です。充足度が高いと、理念経営の実現がはかられているとみることができます。

【「ワークライフバランス」ジャンルの設問と留意点】

	No	質　問
ワークライフバランス	47	会社は家庭の事情・都合を考慮してくれていると感じる
	48	仕事と家庭が両立出来ている
	49	会社は家族に対する気遣いもしてくれていると感じる
	50	会社は社員の健康増進に気を配っている

　ここは、人本経営では重要なステークホルダーである家族に対する指標で、仕事と家庭の両立度をはかるジャンルです。この項目の充足度が高いと、お互い様の企業文化が確立されていくでしょう。

　また、会社から大切にされていると感じる社員が多くなると考えられます。

　参考までに弊社で使用している調査票を次ページ以降に掲載しておきます。

社員意識調査票

■調査目的

現在の職場に対する社員の皆さまの働く幸福度、満足度がどの程度か測定いたします。
意識調査の結果をふまえて、皆さんのやりがいを高めていくためにすべきことを把握し、
今後、労務管理や経営人事マネジメント面で改善すべき課題を明らかにしていきます。

■回収方法

今回は、外部の団体である株式会社シェアードバリュー・コーポレーションが集計分析
を行います。調査票に記入の後は封緘していただき、まとめて弊社に郵送してください。
だれがどのようなことを記入したのか知りえることはありません。会社への思い、働き
がい、普段感じていることについて率直にご記入ください。

■回収期限

年　　月　　日（　）

調査票への標準的な記入時間は３０分程度です。
よりよき会社づくりのためにご協力ください。

【調査機関】

株式会社シェアードバリュー・コーポレーション

〒101-0048　東京都千代田区神田司町 2-17　TAIICHI ビル 3F
TEL:03-5259-7722 / FAX:03-5259-7721

● 職場のさまざまな要因に対する、あなたの幸福度・満足度ついておうかがいします。

問1. あなたは現在、仕事をしていて、また今の職場で働いていて、率直にどのように感じていますか。総合的に考えて当てはまる状態の番号に○印をつけてください。

とても幸福			普通			非常に不満
7	6	5	4	3	2	1

問2. つづいて、以下の項目についてどのように感じていますか。当てはまる番号に○印をつけてください。

	No	質問	そう思う	まあそう思う	あまりそう思わない	そう思わない
仕事	1	現在の自分の仕事はやりがいがある	1	2	3	4
	2	自分の仕事の役割は明確でやらされ感なく仕事ができている	1	2	3	4
	3	現在の自分の仕事量は適度な量だと思う	1	2	3	4
	4	自分の責任を果たすのに十分な権限が与えられている	1	2	3	4
	5	自分の能力や長所が仕事に活かされていると思う	1	2	3	4
	6	仕事を通じて達成感を感じている	1	2	3	4
	7	仕事により自己成長を感じている	1	2	3	4
	8	プレッシャーを感じることなく落ち着いて仕事ができている	1	2	3	4
	9	特定の人に仕事が偏っていると感じることはない	1	2	3	4
上司・先輩・同僚	10	自分と上司との関係はよい	1	2	3	4
	11	自分と同僚との関係はよい	1	2	3	4
	12	上司・先輩等で尊敬している人物がいる	1	2	3	4
	13	上司は率先して仕事に取り組み部下の手本となっている	1	2	3	4
	14	上司は仕事を計画的・組織的に行っている	1	2	3	4
	15	上司はチームワークづくりに配慮している	1	2	3	4
	16	仕事をしていて周りから支援されていると感じることが多い	1	2	3	4
	17	職場には仕事に厳しく向上心のあるメンバーが多いと感じる	1	2	3	4

	No	質問	そう思う	まあそう思う	あまりそう思わない	そう思わない
職場	18	所属する部署では率直に意見具申できる雰囲気がある	1	2	3	4
	19	部門間、部課間の連携はうまくいっている	1	2	3	4
	20	性別に関係なく働ける雰囲気がある	1	2	3	4
	21	仕事を進める上で必要な規律やマナーは守られている	1	2	3	4
	22	所属する部署は明るく雰囲気はよい	1	2	3	4
	23	職場で自分が役に立っていると感じられる	1	2	3	4
人材育成	24	教育訓練の機会は十分に与えられている	1	2	3	4
	25	仕事上で、自分の成長を励ましてくれる人がいる	1	2	3	4
	26	自分に対する人事考課は公平で納得できる	1	2	3	4
	27	人事考課の基準は明確になっている	1	2	3	4
	28	自分の目標は明確である	1	2	3	4
	29	この半年の間に職場の誰かが自分の進歩について話してくれた	1	2	3	4
報酬	30	自分の現在の処遇（資格・ポジション）は適切だと思う	1	2	3	4
	31	処遇に関して上司と十分な対話ができている	1	2	3	4
	32	現在の自分の年収は適切だと思う	1	2	3	4
	33	現在の自分の年収は同業他社並またはそれ以上だと思う	1	2	3	4
労働条件	34	現在の労働時間は適切である	1	2	3	4
	35	年間の休日、休暇は満足のいくレベルで取得できている	1	2	3	4
	36	残業手当、休日手当等に不満はない	1	2	3	4
	37	夏季休暇・年末年始休暇の日数は納得している	1	2	3	4
環境	38	福利厚生の制度や施設は充実している	1	2	3	4
	39	コンピュータ、工具等の機器・道具類は十分に整備されている	1	2	3	4
	40	仕事をしている場所の安全管理状態は良い	1	2	3	4
	41	仕事をしている場所の作業環境（空調・騒音・広さ等）は良い	1	2	3	4
	42	整理・整頓・清潔・清掃への意識が高く実践されている	1	2	3	4

	No	質問	そう思う	まあそう思う	あまりそう思わない	そう思わない
将来展望	43	会社の経営理念・経営方針に共感できる	1	2	3	4
	44	会社に愛着を感じている	1	2	3	4
	45	会社に将来性を感じている	1	2	3	4
	46	今後も今の会社で働き続けたい	1	2	3	4
ワークライフバランス	47	会社は家庭の事情・都合を考慮してくれていると感じる	1	2	3	4
	48	仕事と家庭が両立出来ている	1	2	3	4
	49	会社は家族に対する気遣いもしてくれていると感じる	1	2	3	4
	50	会社は社員の健康増進に気を配っている	1	2	3	4

< 自由コメント欄 >

■ これまで当社で働いて最も記憶に残っているエピソードをお聞かせください。

■ 仕事をしていて気づいていること、感じていること、日頃思っていることを記入してください。

■ 上記について、具体的な改善策等があるようでしたら以下に簡単に提案してください。

● あなた自身のことについておうかがいします。該当する番号に○をつけてください。

　　あなたの年代は、 １０～２０歳代・３０歳代・４０歳代・５０歳代・６０歳代以上

　　　　　　　　　　　　　　　　ご協力ありがとうございました。

問１の回答はお済みでしょうか？最後にもう一度ご確認ください。

自由コメントでの提案こそ具体的な改善策の宝物

調査票では、＜自由コメント欄＞を設け、社員に「仕事をしていて気づいていること、感じていること、日頃思っていること」について自由にコメントを求めます。

その結果、経営者・経営幹部・上長にとって、耳の痛い意見や訴えが出てくることがあります。

しかし、それこそが社員の本音です。

それに耳を傾けて改善していけば、必ず会社の状態は良くなっていく「宝物」を発見したのも同然ととらえていきます。

リーダーは耳を傾けて改善していく度量をもつ

いろいろな会社の調査を行なっていると、残念ながら社員意識調査の幸福充足度のバランス（上位：普通：下位の割合）が、「1：5：4」であるなど、「2：6：2」にも達していないケースがあります。

つまりは、「普通の会社」に達していない「悪い会社」の状態です。

このケースでは、経営者がその重要性に気づいて、「人本経営」を実践しようと働きかけても、多くの社員の共感を得ることはかなり困難だと言わざるを得ません。なぜならば、多くの社員が不満や不信感をくすぶらせているからです。

実際、社員意識調査の結果では、そういう会社は、「報酬」や「労働条件」、あるいは「職場環境」といった主に衛生要因といわれるジャンルの項目で、とても低い充足度となるケースがほとんどです。

現在の状況が「悪い会社」であるときには、まず多くの社員が抱いている不満を解消して、6割の社員がまあ「普通の会社」と感じるレベルに引き上げていくことが必要になります。

【ある会社の事例】

　その会社は、意識調査の結果が低く、給料に不平不満を感じている社員が多い会社でした。

　自由コメント欄には、ある社員から「○○手当をつけてほしい」という要望が記入されていました。

　その社員の直属の上司は、そのことは気になっていたことでもあり、「自分が社長だったら、すぐに認めるのだが…」と思い、経営者に箴言しました。

　ところが社長は、それができない理由を並べ、その場で却下してしまったそうです。

　これでは、「悪い会社」の状況が改善されるわけがありません。

健康診断の結果を放置してはよくならない

　人は定期的に健康診断を受診します。それにより、現在の健康度合いを確認し、万一、不具合が生じていれば、必要な措置を施して健康を確保しようとします。

　企業経営でも同様です。

　社員意識調査の結果、経営者、経営陣にとって耳が痛くなるような結果が出ることもありますが、それは不具合が生じているということであり、それが出てきたということは、健全に経営をしていくための処方箋が発見できる貴重な情報です。

　それを放置しているようでは、永遠に幸せ軸をきわめる「いい会社」になることはできません。

　社員の立場に立って、「なぜそういう要望が出てくるのか」ということを気に留めていきましょう。

　そして、「確かにその要望にも一理あるな」と納得したら、真摯に改善活動に取り組んでほしいのです。

トップ、リーダーが変わらなければ状況は改善されない

　前述のある会社の事例の場合、直属の上司までが、その手当を用

意したほうがいいと言っているわけですから、これを聞き入れて、その直属の上司に、具体的にどのような改善をしたらいいか考えてもらうように権限移譲して任せるようにしたら、状況は打開できるようになると、筆者は社長にアドバイスしました。

任された以上、その上司だって、会社に重い負担をかけるような無茶な改善内容は考えないはずです。そこは信用してあげましょう、と社長には助言しました。

これらの行為が実現されることで、社長は変わってきた、会社はよくなろうとしている、と社員たちは会社に対する信頼感を高めてくれることになるのです。

それこそが、この後の章で解説する、人本経営の実現に欠かせない「支援型リーダーシップ」の発揮の場面ともなっていきます。

そうした行動を繰り返していくことで、会社と社員の関係の質が向上していくことにつながっていきます。

悪いときは、不平不満の解消に集中する

「悪い会社」である状況のときには、不平不満を解消するためには何をしていけばよいのか、ということに集中します。

「いやなら辞めてもらってけっこう」というレスポンスをするようでは、状況は何も改善されません。

社員の充足度のバランスである「2：6：2」のうち下位層の2割を切ったところで、現状を変えなければ、新しい人を採用できたとしても、また同じ状況が繰り返されることは、火を見るよりあきらかです。

生産年齢人口が激減しているなかで、すでに到来している本格的な人手不足の常態化社会にあって、下位層の2割の社員を切り続けていくと、やがてはまったく人材を採用できずに、経営が回らなくなるリスクがとても高くなることを、肝に銘じる必要があります。

普通の会社の状態になったら、一気に幸せ軸にカジを切る

不平不満が、ひととおり解消できたら、次には、「働きやすさ」(満足度) ではなく、「働きがい」(幸福度) をいかに増進させていくかに視点を移します。

ＥＳ (従業員満足度) という用語が定着した弊害といってもいいのですが、人本経営では「満足度」を指標にはしません。

満足を追い続けていくと、やがてつじつまが合わなくなってくる現象が生じるからです。

満足は必ずしも人を幸福にしないという事実

美味しいものを食べると、満足感が得られます。もちろん、「あー幸せ」という感覚もわいてきますが、それは満たされたという充足感に対するもので、範疇はあくまでも物質的欲求が満たされた満足感といえるでしょう。

そして、ここからが問題なのですが、欲深く、もっと食べたいと求めていけば、やがて肥満状態になり、健康が害される事態を招くことになりかねません。それでも、足ることを知らずに食べ続けていったら、その刹那は満足かもしれませんが、寿命を縮めるという不幸を招くことにもなるでしょう。

これが、"つじつまが合わなくなる" ということです。

「自己満足」というが、「自己幸福」とはいわない

満足は、１人で満たすことができるから「自己満足」という言葉が存在しますが、「自己幸福」という言葉はありません。

それは当然のことで、幸福は相手との関係性において得られるものだからです。幸福感は、物質的欲求ではなく、精神的欲求が満たされたときに生じてくるのです。

4-8

社員満足度に変わる「エンゲージメント」という概念

 満足感と幸福感の違い

配偶者に対して、「あなたと結婚できて幸福です」とは言いますが、「わたしと結婚できて満足か」とはまず聞かないでしょう。

満足の領域は、対自分であるのに対して、幸福は必ず対象となる相手が必要になるのです。

満足感は求め続けることに大きなリスクがあると指摘しましたが、幸福感は日々、繰り返し感じ続けてもノーリスクです。むしろ、幸福感が高じていけばいくほど、人生を豊かにしてくれます。際限なく繰り返せるのです。

ここに、決定的な違いが生じてきます。

したがって、1人ひとりの幸福度を高めていく努力をしていくと、その分、相乗的になるので、組織の風土改善も飛躍的によくなっていくことになります。

では、どうしたら幸福度を高めていくことができるのでしょうか。

その道標となるのが、「**エンゲージメント**」という概念です。

 幸福充足度を高めるエンゲージメント

エンゲージメントとは、会社と社員が互いに必要とされ、ともに成長できるような絆（エンゲージ）を堅くしていく組織開発の考え方です。

米国の調査会社であるギャラップ社では、働きがい、やりがいを感じて「熱意あふれる」社員が多く、幸福度の高い組織とはどのような状態であるか、1,000万人の顧客、300万人の従業員、20万人のマネージャーを対象に大規模調査をした結果、企業と社員のエンゲージメント度合いを強く堅くするのは、以下の12の要素に特定でき

たと報告しています。

エンゲージメント度合を強く堅くする12の要素

1. 私は仕事のうえで、自分が何を期待されているかがわかっている

2. 私は自分の仕事を正確に遂行するために必要な設備や資源を持っている

3. 私は仕事をするうえで、自分の最も得意とすることを行なう機会を毎日持っている

4. 最近1週間で、良い仕事をしていることを褒められたり、認められたりした

5. 上司または職場の誰かは、自分を1人の人間として気づかってくれている

6. 仕事上で、自分の成長を励ましてくれる人がいる

7. 仕事上で、自分の意見が考慮されているように思われる

8. 自分の会社の使命や目標は、自分の仕事を重要なものと感じさせてくれる

9. 自分の同僚は、質の高い仕事をすることに専念している

10. 仕事上で、誰か最高の友人と呼べる人がいる

11. この半年の間に、職場の誰かが自分の進歩について、自分に話してくれた

12. 私はこの1年の間に、仕事上で学び、成長する機会を持った

これらエンゲージメントの12の要素が達成されていくと、結果に影響を及ぼす「関係の質」が非常によくなっていくと考えられます。

 ## 社員エンゲージメント向上のために工夫を

エンゲージメントの12要素は、世界有数の調査会社であるギャラ

ップ社が、ビッグデータを元にして結論づけているので、信憑性は高いと判断できるでしょう。

であるならば、これを活用して「人本経営」の前進に役立てない手はありません。

人本経営では、現場との対話がとても重要になります。その実践法はいろいろですが、このエンゲージメントの12要素は、自己申告制度として活用すると、とても効果が期待できそうです。

つまり、これらの要素を逆張りして自己申告シートにそのまま盛り込んでしまうのです。

対話を促進させるEM達成型自己申告制度を考案

次ページに、エンゲージメントの浸透度を確認できる「**自己申告シート**」のサンプルを作成してみました。

すでに自己申告制度を導入している会社は、このサンプルを参考にしてその内容を改良し、まだ実施していない会社は、このサンプルをそのまま使ってみてください。

このシートの質問項目1〜10は、前述のエンゲージメントの12要素の1〜10を裏返したものです。

エンゲージメントの要素の11と12については、自己申告シートをもとにリーダーとメンバーが面談をするときに、必然と体感されることになるでしょう。

この自己申告シートを活用することによって、定期的に現場のエンゲージメント度合いを確認できるフィードバックを制度化できることになります。

いい状態が確認できれば「よし」です。問題点が発見できたら、改善策を講じていきます。

どういう角度から意見が出てきても、社員と会社の絆ができあがっていく機会となるので、いい対話になるに違いありません。

◎「自己申告シート」のサンプル◎

自己申告シート

1．どのような期待に応えることを意識して仕事をしていますか

2．仕事を正確に遂行するための機器や道具についての現状についてどう感じていますか

3．自分自身の強みはどんなことだと思っていますか

4．この1週間で仕事をしていて、自分が役に立っているという実感がありますか
　　→　はい・いいえ・どちらともいえない
　　その理由（　　　　　　　　　　　　　　　　　　　　　　　　　　　）

5．職場で自分は尊重されているほうだと思いますか
　　→　はい・いいえ・どちらともいえない
　　その理由（　　　　　　　　　　　　　　　　　　　　　　　　　　　）

6．仕事上で、自分の成長を励ましてくれる人がいると感じますか
　　→　はい・いいえ・どちらともいえない
　　その理由（　　　　　　　　　　　　　　　　　　　　　　　　　　　）

7．職場では、適切な主張をして対話が促進出来ていると感じますか
　　→　はい・いいえ・どちらともいえない
　　その理由（　　　　　　　　　　　　　　　　　　　　　　　　　　　）

8．経営理念・ビジョン・経営方針には共感していますか、また仕事の意味を考えていますか
　　→　はい・いいえ・どちらともいえない
　　その理由（　　　　　　　　　　　　　　　　　　　　　　　　　　　）

9．職場のだれかと切磋琢磨していますか

10．仕事上で家族のような、友人のような親交がある人がいますか

上司や会社に伝えたいことを書き出しておきましょう。

（　　　　　　　　　　　　　　　　　　　　　　　　　　　　　　　　　）

エンゲージメントサーベイに最適なSVCの「社員意識調査」

「人的資本経営」の国際基準としてISO30414が提示され、注目が集まっています。

企業における人事・組織・労務に関する情報を開示するためのガイドラインとして、11項目58指標が最低限の開示情報とされています。

11項目のなかには、「ダイバーシティ」「リーダーシップ」「組織風土」「健康・安全・幸福」など、人本経営で重視する経営人事マネジメント項目も掲げられています。

「組織風土」の指標としては、この「エンゲージメント」が示されています。

【「社員意識調査」の結果をエンゲージメントスコアとして開示】

開示方法としては、適切なツールを用いた従業員意識サーベイにもとづく平均スコアとされています。

「人的資本」の情報開示をしようと企図している経営者や担当者は、このエンゲージメントの指標として、弊社が開発した「社員意識調査」の結果を開示されてみてはいかがでしょうか。

127ページ以降に掲載したSVCの「社員意識調査票」は、これまで説明してきたように、ギャラップ社の調査結果や、800社にわたる人を大切にする経営成功企業の経営人事面での特徴を反映させて設計されています。

人を大切にする経営を実現していくうえで、最も要となる会社と社員の「関係の質」の状態が明確に指標化されて、アウトプットすることができます。

なお、SVCの社員意識調査の詳細については、弊社のホームページで案内しています。サイトは［経営人事ドットコム］で検索すれば出てきます。

失敗事例に学ぶ教訓

 失敗する典型的なパターンがある

　4章ではここまで、人を大切にする人本経営を実践して成功して
いくための方法論について展開してきました。

　業績軸から幸せ軸へ、経営のカジ取りを変えようとする組織をみ
ていると、トップやリーダーが本気でセオリーを実践していけば、
きちんと上手くいくのですが、残念ながら思いどおり進まずに停滞
してしまうケースも発生しています。

　そこで本章の最後に、せっかく人を大切にする人本経営を志した
皆さんが、思わぬ事態に遭遇しないように、失敗する典型的なパ
ターンを指摘して、他山の石としていただけるように情報提供をして
いきましょう。

　よくみられる頓挫するパターンは以下のとおりです。

失敗するパターン（失敗事例）

①理念の上にあぐらをかく

②結局、即戦力で採用する

③風土より制度を優先させる

④研修任せで組織風土を変える取組みをしない

⑤社員意識調査の結果に耳をふさぐ

⑥ベテラン抵抗社員と対峙しない（既存社員との価値観のズレ）

⑦悩んでもぶれなければいいところで、ぶれる

⑧仲良しクラブで終わる

それぞれについて解説をしていきましょう。

失敗パターン①…理念の上にあぐらをかく

これまで述べてきたように、人本経営を志したら、経営者、リーダーの心は、社員の働きがい、やりがいに火をつけることに向かわなければなりません。トップが社員第一主義になるから、社員は顧客第一に行動してくれるようになるのです。

人本経営を実践すると宣言して、人を大切にする経営理念もつくると、大事にしていきたい行動指針も明確になります。

あとは、トップ自身が率先垂範をして、日々、仕事を通じて背中と心を見せていけば、時間の問題で社風はよくなっていきます。

にもかかわらず、気がつくとトップが社内にいないのです。

ゴルフなど仕事以外のことに明け暮れているわけではありません。商談に時間を取られているのです。

それはけっこうなことなのですが、人本経営に踏み出したのなら、お客様を喜ばせること、そして新規に顧客開拓することは、社員を信頼して現場に任せることです。

その仕事がはかどるようにサポートすることが、トップの役割です。

基本的に人本経営では、トップはプレイングマネジャーでは務まりません。社員１人ひとりに向き合い、社内対話の質と量の確保に専念していきましょう。

人本経営だと公言しておきながら、トップがセールスにばかり時間を取られ、社員のそばにいない…。

これでは、社員もとまどってしまい、人を大切にする経営はなかなか進展しません。

失敗パターン②…結局、即戦力で採用する

　採用では、人間力に優れた人柄で、人を大切にする経営を実践している組織風土に共感してくれる者とご縁をつくることが鉄則です。

　にもかかわらず、即戦力になりそうな人材が応募してくると、舌の根も乾かないうちに、方針を変えて採用してしまうという事例があります。

　これでは、失敗パターンにはまります。

　特に中小企業では、仕事はできるけれど価値観の合わない人材は、採用してしまうと、事業の継続に大きな支障をきたす可能性が大きくなります。

　まれに、応募してくる先着順に採用しているという事例があります。それがその会社の価値観なのですから、それでもかまわないのですが、人本経営のセオリーではありません。

　人を大切にするということで、採用した以上は、その社員に対して手厚く報いていくことは大事ですが、採用の段階で誰と働くかを決断する権利は会社にあります。

　コロナ禍のような経済・社会・環境に支障が生じると、平時には、まずお目にかかれないようなキャリアの人が、前職を追われて採用市場に出現してくることが往々にしてあります。

　しかし、価値観の一致による採用ルールに則らないで、これはラッキーと手を伸ばすことはご法度にしてください。

　リスクヘッジとしては、やはり採用時の段階で、できるだけ多くの社員がかかわり、多くのメンバーがこの人となら一緒に働いてみたいという人とご縁をつくっていくことでしょう。

　そうすることによって、ミスマッチ採用はかなりなくなります。

失敗パターン③…風土より制度を優先させる

人本経営では、人事制度は社員の幸福度を増進させるために用意されます。

一度定めたルールや条件があったとしても、いろいろなケースが想定されます。その場合は個別対応をして、社員が継続して働きやすくなるように、臨機応変に運用していくことが望ましいのです。

にもかかわらず、制度を盾にとって、硬直な運用をしていくと、すぐに社風によくない影響が及ぶことは確実です。管理基準をガチガチにしていくと、人事制度が優先され、職場内の関係の質に亀裂が入るリスクが高まります。

「制度より風土」との格言を世に広めたのは、大阪にある株式会社天彦産業の樋口友夫社長です。ダイバーシティ100選にも選ばれ、その取組みの素晴らしさは、首相までがベンチマークに訪れるほどになっています。

その天彦産業でも、かつて、ある職場の上司が、小学校の入学式に出席したいと申し入れてきた部下の要望を却下したという出来事があったそうです。そして、「甘いことを言っているので諭しました」と、その上司が報告してきたので、樋口社長は愕然としたといいます。

社員たちは、世間の業績軸の常識にこうも染まってしまうのか、容赦なく世の中の風が会社に入ってくるものだ、と感じたそうです。

そこで樋口社長は、「世間と同じ会社になったら、資金力がある企業が勝つようになるだろうから、なんとしても軸を変えていく必要がある」と考えました。それからは、家族にとって重要な行事がある日は強制的に休暇を取らせることを2年間断行したそうです。

その決断があったからこそ、「お互いさま」という天彦産業の社風が根づいたと、樋口社長は回想されています。

失敗パターン④…研修任せで組織風土を変える取組みをしない

　すでに人本経営の実践に成功し、空気感のよくなった指導先に、経営者の方をベンチマークにお連れすることがあります。

　すると、「小林先生に社風をよくする研修をしてもらったのがよかった」などと視察先の社長が話してくれるものですから、お連れした経営者からは「ぜひ、ウチでもやってほしい」という展開になることがあります。

　ある製造業の会社では、社屋は古びていました。

　そのこと自体は気にしていませんでしたが、この時代に、男女トイレが共通の場所に設置されていたのです。男性トイレの領域のなかに、女性トイレのスペースが設置されているという状態でした。

　私はすかさず、「研修を進めるのはいいのですが、社長、この研修期間が終わるまでに、あのトイレは何とかしたほうがいいですよ」と進言しました。

　こういうことは非常に大切です。

　人を大切にする経営を実践するといっても、言っていることにやっていることが伴わないと、社員たちが共感共鳴するはずもありません。

　毎月、研修講師として、その会社に訪問し続けましたが、いっこうに改修は行なわれないようでした。

　これでは残念ながら、研修によって社員たちのモチベーションをいくら引き上げても、社風は変わりません。もちろん、社風を変えていく自信はありますが、さすがに研修だけで会社はよくなっていきません。

　日頃の経営者、リーダーの行動が伴って、二人三脚で実践してこそ、会社は変わっていくのです。

失敗パターン⑤…社員意識調査の結果に耳をふさぐ

　本章の社員意識調査について解説したところで指摘したとおりのことです。

　せっかく調査をして改善点が見つかっても、放置していたのでは事態はよくなりません。できるところから、身の丈でかまいせんから、明日をよくしていく取組みをしていってください。

失敗パターン⑥…ベテラン抵抗社員と対峙しない

　このことが経験上、トップが人本経営をめざそうとしているのに、頓挫してしまう最大の事由と感じます。トップにとっては意外なことに、社員の抵抗にあってしまうことがあるのです。

　よくある失敗パターンは以下のとおりです。

　高度成長の波に乗り、先代が大きく成長させてきた会社を後継者に事業承継します。後継者は、これからの時代は、少子化で生産年齢人口も激減するので、社員を大切にする会社づくりが必要だと宣言します。

　しかし、自分より年齢が上で先代の息がかかった古参の社員たちが、部下への対話だとか支援、さらには承認をしていくようなリーダーシップを受け入れないのです。

　自分たちが、会社の成長に少なからず貢献してきた自負もあるでしょう。さらには、幹部になり、肩書がつくと、これまでの自身のやり方に固執し始めるのです。

　そして、自分たちの若いころには苦労を買ってでもしたとか、残業は当たり前とか、家庭より仕事優先は当然だ、とばかりに振る舞い出すのです。

　このように古参社員は、後継者が実施しようとしている人本経営施策に対して、反旗を翻していくのです。就業時間中に社風をよくする研修を行なおうと企画すると、そんなの無駄だと反発し、朝礼

で社員同士の交流を深めようとすると、時間の長い朝礼は仕事に差し障るなどといった具合です。

【きわめて重要な右腕、左腕の存在】

　このような状況が続くと、古参社員は職場に影響力がありますから、若手社員たちは人本経営がいいと感じても、思い切って行動できない状態になってしまいます。

　最悪なのは、会長になった先代が古参社員の意見を後押しして、後継者の人本経営の実践にさらに圧をかけてくることです。

　そうなったら、まず人を大切にする方向へ風土改革を進めることはできません。

　人本経営で会社を前進させていくためには、経営者の右腕、左腕になる経営幹部が、人本経営に共感し、「いい会社」にしていくために協力を惜しまずに行動するという共鳴状態になっていることがとても重要です。

　実際、経営者と経営幹部の二人三脚で、人本経営の醸成が力強く進むケースが多いのも事実です。

　トップが人本経営を実践していくと決めたなら、誰を右腕、左腕にしていくかが成功へのカギとなります。

　古参のメンバーが賛同してくれることが理想ですが、業績軸から幸せ軸への転換は、かなり発想を柔軟にしていかないと厳しいものがありますので、風土改革への対応がむずかしいという年長者は少なくありません。

　慣れ親しんだ職場の慣習を変えていくことは簡単なことではないので、理解はできるところです。

　しかし、時代は大きく変化しています。

　昔は通用していたことでも、いまはもうそれでは通じなくなってきていることがあるのです。

【古参幹部には役割を変えて花を持たす】

　特に、明日を担う若い世代に対する、年長者の関係性のあり方は顕著です。

　このことは最近、ニュースにもなっている、スポーツ界での上層部による時代錯誤の支配型ボスマネジメントが破綻している事案をみてもわかります。ですから、古参社員がそりを合わせてくれないと嘆いているだけでは、いつまでたっても若手は育たず、組織がジリ貧になっていくのは目に見えています。

　そこで、古参幹部が人本経営に対して共感してくれない場合は、古参幹部と対立していくのではなく、対話を通じて、人を大切にする組織風土づくりは、会社が今後、持続可能性を高めていくために不退転で臨む課題であると強く認識していることを伝え、支援型リーダーがどうしても必要だと窮状を訴えていくことです。

　そのうえで、マネジャーとして支援型リーダーになることができないというのなら、組織マネジメントは他のメンバーで遂行していくことに理解をしてもらうことです。

　そして、その古参社員には、役割を変えて会社に貢献してもらう道を探っていくことが正解に近づく対応といえるでしょう。技能、知識そして経験は、確実なものがあるはずですから、力量をそちらで発揮してもらうようにはかっていくのです。

　役職にはつかないけれども、その者がプライドをもてるポジションの設定や処遇をしていき、尊重する対応をすれば、会社が進もうとする方向へ不要な口出しはしてこなくなるはずです。

　骨が折れる対応かもしれませんが、古参社員が抵抗勢力として存在しているならば、この"下ならし"をせずに行動しても、人本経営の花は咲いてこないでしょう。

失敗パターン⑦…悩んでもぶれなければいいところで、ぶれる

　せっかく、業績軸から幸せ軸へ経営のカジをきって、社員の期待も膨らんでいるのに、重要な判断をするときに、ぶれてしまうトップやリーダーがいます。

　人本経営を志したとしても、事態が明日から一変するわけではありません。現実的には、それまでと同様にいろいろなことが発生してくることでしょう。

　さまざまな経営判断をしなければならない事案に遭遇したときに、どのように考えて行動していくかによって、「本気で人本経営をめざそうとしているのか」を推し測られることになります。

　そして、実際の行動によって、人本経営という形に近づけるのか、近づくことを妨げるのかが決まってきます。

　日々この繰り返しで、今日、判断したことが人本経営に向かう行動であれば、確実に会社は人本経営に近づき、社員たちの心に届き始めます。それが炭火の種火となって、1人また1人と社員の心に着火していき、社風がよくなっていくのです。

【顧客との関係が試される場面では】

　まず、これまで取引してきた顧客との関係を考える場面が往々にして出てくるでしょう。「経営をしているのだから、1円でも多く売り上げたいし、利益を上げたい」──社長なら誰しも思うところです。ここがいちばん最初の「試され場面」となります。

　たしかに、売上は上がっているけれども、その成果の陰で心を折りながら仕事をしている社員がいるとしたら、あるいは、その慣行を続けているせいで長時間の残業を余儀なくされているのだとしたら、人本経営を実践する経営者なら、本気の決断をしていただきたいのです。

【ぶれない行動が社員の心を着火させる】

　人本経営を貫いているある会社の社長は、お客様本位で仕事をしていくので、お客様に喜んでもらえることを第一に考えています。

　しかし、「自分たちの努力や価値を感じていただけない取引先は、お客ではないと考えている」と公言しています。

　同社の製品を購入した先で、メンテナンスに行っている若い社員が奴隷のごとくあしらわれていると聞き及んだときに、その社長はすぐに駆けつけ、先方の社員に啖呵をきって、「当社の社員に、そのような非人間的な対応をするなら、もう取引は停止してもらってけっこう」と、今後、発注がこなくなるとしても、自社の社員の尊厳を守る行動をしたそうです。

　どんなにつらくても、社員の口から「もう取引はやめる」とは客先ではいえないわけですから、社員がののしられたり、馬鹿にされたりすることは、絶対に許さないとその社長は決めているそうです。

　こんな社長の行動を目の当りにしたら、社員の心に火がつかないわけはありません。感涙してしまうでしょう。そして、仮にその取引先からの発注がなくなっても、それを何とか取り戻そうと励んで、新規開拓などの仕事に向かっていくに違いありません。

【ぶれる社長の行動とは】

　その場面で社長が社員に対し、「悪いなあ、申し訳ない。会社のためにこらえてくれ」と現状維持のまま、酷な仕事を社員に続けさせる判断しかできないことが、“ぶれる”ということです。

　どうせ、そんなことだろうと、その社員は冷めていき、結局、わが社はいまのままなのだ、と落胆してしまいます。

　これでは、空気感がよくなっていくことは期待できません。人を大切にするという言葉が空虚に響きます。

【残業問題への対処】

　別の会社の事例です。

この会社の社長は、本気で人本経営を志しました。

その会社では、たくさんの注文をいただくために、いつも受注の電話が鳴りっぱなし状態です。お昼時も、定時の退社時間後も電話は鳴り続けています。

それに対応していると、いつまで経っても適正な労働時間で仕事をしていくことは叶わないと考え、社長は決断しました。

「もう電話は取らんでもええ」

担当している社員たちは、19時ぐらいまでなら残業してもかまわないと進言しましたが、「あかん、18時までが当社の営業時間や。これからはそうする」と本気の判断を示しました。

これもまた、「社長は本気だ」と社員に伝わらないわけがないエピソードといえるでしょう。

結局、それで受注が減ったかというと、そういうことにはならず、お客さんは、電話ではなくFAXで注文するようになり、現場の煩雑な仕事状況は改善されていったのです。

【流行りの人事マネジメントに気を取られるな】

世の中の7割近い企業が赤字です。その体質を変えるために、コンサルティング会社は、あの手この手で新たな手法を提案してきます。

たとえば最近でも、年功序列を否定するジョブ型の人事マネジメントにかなり力を入れて普及させようと躍起になっています。

しかしこれは、仕事に人を割り振るという時点で、人本経営では、到底受け入れることができない考え方です。あまり思慮せずに、そうした流行りのしくみを取り入れて、風土がおかしくなることも、"ぶれる"弊害です。

本書で何度も指摘している、人を大切にする「人本経営」のあり方をぜひくずさずに、前へ前へと進んでいきましょう。

失敗パターン⑧…仲良しクラブで終わる

　人間関係をよくしていく取組みを重ねていくと、社員同士の仲が良くなり、思いやりのある職場になっていきます。

　ただし、ここで注意しておきたいことがあります。それは、会社はサークル活動ではないので、「仲良しクラブになってはいけない」ということです。

　不注意なミスが増えているのに、適切な注意を怠ったり、いまの後輩の力なら、もうあと少し努力すればできるのに、それを見過ごして適切な指導をしなかったりといったことがまん延してくると、組織の雰囲気は緩くなってきます。

　向上心がないまま関係性を緩くすることは、人本経営ではありません。

　伊那食品工業が社是で、「いい会社をつくりましょう。たくましく、やさしく」と掲げているように、優しさの前に、厳しさ、強さのある関係性づくりが大切です。

【向上心をもって仕事にあたる】

　長野県に中央タクシーという会社があります。

　タクシー業界では珍しく、ほとんどの社員が離職しないことで有名です。制服はアロハシャツで、実にやわらかい社風が流れています。

　入社して半年経った社員は言います。

　「（タクシーに乗車してしまえば社員は1人だし）気楽な稼業だと思っていました。でも、向上心をもってきちんとした仕事をしないと、仲間からどんどん置いていかれるので、日々ものすごく緊張感をもって仕事をしています」

　仲良しクラブにならないためには、このように切磋琢磨していく関係性を築いていくことが何より重要です。

　これは、エンゲージメントの12要素のなかでも指摘されているこ

とです。

　そのためには、社員1人ひとりの自律自発性の発揮が求められます。それを支援するリーダーの役割も重要なのですが、それについては次章で考察します。

5章

支援型リーダーの必要性と
その養成のしかた

変化するリーダーの役割。
「支配」から「支援」へ

　前述したように、かつて経験したことがない勢いで消費者と労働者の数が激減していく時代を迎えている日本では、高度成長時代に多くの企業で行なわれていた、大量生産による薄利多売モデルは、ごく一部の事業領域を除き、成立しなくなることは明白です。

 ## 高くても買うという状態をつくる条件

　いまは、「いいものを安く売る」のではなく、「**他より高くても買ってくれる**」**努力**をしていく必要があるのです。では、高くても買うという顧客は、どういう状態であれば生まれてくるのでしょうか。

◎品質が明らかにいい
◎対応など仕事にスピード感がある
◎個別対応をしてくれる
◎ブランド力がある
◎他に乗り換えるのが億劫
◎縁を感じている
◎飽きない
◎気分がいい
◎安心感がある
◎やっぱり信頼できる

　こんなところでしょうか。要は、いうまでもなく、「お客様が満足している」からに他ならないということでしょう。
　その顧客満足度を高めているのは誰か、といえば社員1人ひとりでしかあり得ません。

顧客満足を生み出すのは1人ひとりの社員

「差別化」という付加価値は、現場の社員の行動によって生まれてくるのです。

大量生産を目標にするなら、「**効率性**」がキーファクターになりますが、付加価値を高めるためには、効率よりもひと手間、ふた手間といった「**手間暇かけること**」がキーファクターになってきます。

さらには「**臨機応変さ**」も欠かせないでしょう。いちいち細かく管理していたのでは、画一的なサービスや商品しか生み出せません。

 支配型マネジメントの先に顧客はいない

顧客の期待を超えることで感動が生まれ、この会社は違うとファンになり、高くても買い続けてくれる常連性のあるカスタマーになっていきます。

日々、クライアントと接している現場の社員の感性を磨いていく支援をしていくことが、今後、リーダーの役割となるのです。

「俺についてこい」という支配的な態度の先には、これからの顧客は存在していないことに、いま、上司の立場にいるすべてのビジネスパーソンは気づくべきときです。

 社員を失うと顧客を失う

支配的な管理による"ボスマネ"では、顧客以前に大切な社員の定着が危うくなってきます。

コロナ禍が3年続いていても、有効求人倍率は1.16倍と依然1を割っていません。コロナ騒動以前は2倍に近づこうとしていたことを忘れてはいけません。人として尊重されず、不快な思いを感じている社員にとって、次の職場はいくらでもあるのです。

「社員を失う」ことは、イコール「顧客を失う」ことに直結していくのが現代です。現場の社員が、顧客を喜ばすことに働きがいを感じて、心のある仕事をし続けていけるように、徹底的にサポート

していくことが、これからのリーダーの使命となるのです。

「支援型リーダーシップ」とは

「リーダーシップ」という言葉を使うときには、どのような意味合いで用いているのでしょうか。「統率力」「導く」「困難にへこたれない」「信念をもっている」「見本・手本となる」などでしょうか。

これまでの感覚では、「強い」というイメージがふさわしいようです。

その最たる姿が「カリスマ」という表現でしょう。「俺についてこい」という感覚です。しかし、それはボスの姿です。人本経営では、ボスは必要ありません。

リーダーが成否、成果のすべてを負う、というスタイルではなくなるからです。全員を主人公にしていくことこそが、「**支援型リーダー**」に求められる役割となります。つまりは、メンバー1人ひとりがリーダーシップを発揮できるように実現していくのがテーマになるのです。

関係の質が思考の質を高め、行動の質をよくして、最大限のパフォーマンスという結果の質を得る成功の循環モデル（58ページ参照）を現実化するためには、支援型リーダーシップの発揮が、とても重要な経営人事マネジメントの課題となります。

支援型リーダーシップは全員が発揮するもの

リーダーシップというと、上が下に行使するものということが、これまでの支配的な感覚ですが、そうではなく、何気ない一言や行動で、まわりの他のメンバーの気持ちを動かしたり、行動の変化を起こしたりすることも十分にリーダーシップの発揮といえます。

新人の社員でも、いい笑顔で挨拶することで、まわりに好影響を与えられます。

このように、リーダーシップの発揮は、社員1人ひとりに影響力があるととらえていきましょう。

支援型リーダー像とは

　その共通認識があることが、社員 1 人ひとりが主役であるというマインドをもつことにつながっていきます。

　そして、何でも言える場づくりができる、対話力がある、気づかせる、任せる、待つことができる、といった相手の自主性、自律性を促進させる「影響力」を発揮するのが支援型リーダー像です。

　「自分はこう思っているけど、言ってもしかたがない」とか、「言わないで従っておくほうが楽だ」という感情をもつメンバーが出ないように、企業文化の土壌を培っていくことが、リーダーの役割になっていきます。

　そうなると、以下のような思考をしていることが、支援型リーダーといえるでしょう。

- ここに存在するすべてのメンバーは幸せになるために集まっていると確信している
- その組織にいてもいなくても同じだと感じるようなメンバーを輩出させない
- 1 人ひとりが必要とされている、役立っているという実感をよりもてるように配慮し、達成感をもてることに気を注いでいる
- 業績がいいのも悪いのもひとえに自分のせいだと背負い込んでいない
- 理想の状態を語り、皆に働きかけ、どうすればそうなれるか対話による合意形成をはかる
- 実行できる権限を与え、自発的にメンバーが行動できるように環境を整えていく

　実際に、以上のような思考を行動に移すことで、支援型リーダーという存在感が増すことになるでしょう。

支援型リーダーシップに求められる 10の基本行動

 こうすれば支援型リーダーシップが発揮できる

　全員が主人公になるための組織づくりが、「人本経営」成功のカギとなります。それには、支援型リーダーシップを全員が発揮していく状態をつくることだと指摘しました。

　では、どのような行動を意識しておけば、支援型リーダーシップをよく発揮できるようになるのでしょうか。

　結論から先に申し上げると、以下の10の行動を実践するように意識していくことであると考えられます。

支援型リーダーシップに求められる10の基本行動

①対話する
②傾聴する
③気に留める
④顧みる
⑤考える
⑥合意形成をはかる
⑦信頼する
⑧任せる
⑨承認する
⑩感謝する

　上記の1つひとつの行動について詳しく解説していきましょう。

①対話する

基本中の基本といってよい行動です。

しかし、これまでのピラミッド型で上位下達を旨とする組織では、実はこの対話は、職務中にその時間がほとんどなかったといっても過言ではないのです。

経営方針や業務命令を遂行させるための会議やミーティングは、どこの会社でも盛んに行なわれてきました。

それらは、"ホウレンソウ"という言葉に代表されるように、報告・連絡・相談が機能となります。そして、指示命令で行動していきます。

しかしそれらの場では、面従腹背という言葉があるように、共感を高めることを目的とした場づくりとして、ほとんど実施されてきませんでした。でも、人を大切にする経営では、必要不可欠となります。

【関係の質を高める良好な対話の場づくりが必要】

これまでの職場で、あえて対話に近い雰囲気をあげると、アフター5の飲み会ということになるでしょうか。

ただし、グチや不満のはけ口のための場ということではありません。そうしたマイナス面ではなく、プラスになる方向へ本音で語れる「飲まない飲み会」をつくる感じで、就業時間中に語り場をつくっていきましょう。

すでに、これを意図して行なう「**オフサイトミーティング**」は、多くの企業で試み始められています。

結論に向けて収束していくことを目的として会議は開かれますが、オフサイトミーティングは、新しい可能性の探求やチーム力の強化を目的として開催されます（オフサイトミーティングについては、次章で詳しく触れることにします）。

②傾聴する

対話の場づくりが進むことで、必然的に１人ひとりの傾聴力は高められていきます。

自分のことを語れる時間が確保され、安心して話すことができる体験は、日頃のモヤモヤ感の解消や自分のやるべきことが明確になり、モチベーションが上がります。

そして、この素晴らしい体験を、今度は他のメンバーにも体感してほしいと、積極的に傾聴する行動をとることができるようになっていきます。

最初のうちは、ある程度のルール決め（頭ごなしに否定しないこと、同意しなくてもよいが共感すること、質問で返答をする、など）をして、場にのぞむことが必要かもしれませんが、慣れてくると、相手との距離感にほどよい間ができるようになってきて、ストレスのない職場になってくることでしょう。

傾聴については、重要な行動なのでこの後の５−３項で詳しく解説します。

③気に留める

相手のことを気に留めるとなると、そのメンバーのいまの置かれた状況、特に家庭環境についてこちらの意識が及ぶようになります。

たとえば、彼には最近、第二子ができたんだな、とか、家族に介護が必要になった方がいるというから何かと大変だろう、といった具合に、そのメンバーの立場に立った感覚を持ちやすくなります。

そうなると、こちらも配慮のある、あるいは思いやりのある行動をとることが多くなるでしょう。

その結果、「私はサポートされている」と実感するメンバーが増えてくるはずです。

④顧みる

これも「気に留める」と似た効果となりますが、こちらはいま現在、そのメンバーの置かれた仕事上の立場をおもんぱかるという色彩が強くなります。

たとえば、「彼ももう入社して3年経ったんだな、ではそろそろより専門性の高い仕事をしてもらうように段取りしてみるか」といった具合です。

これも、確実に関心をもたれているという自発性のスイッチを押しやすくなる関係をつくることに、いい作用が及ぶに違いありません。

そのためには、相手の意見を自分の主観で切り捨てていかない態度を全員がしていくことでしょう。

特に、リーダーの役割を担っている立場の人間にとって、これはとても重要なスタンスとなります。

⑤考える

「常に考える」を経営理念に据えた会社が未来工業です。創業者であった故山田昭男氏から、生前に直接お話をうかがいました。

山田氏は、経営者は「どうやったら喜んで社員が仕事をしてくれるか」を常に考え続けてくことが大切だと指摘されていました。

その結果、やりがい、働きがいを増した社員は、お客様の仕事上の問題点を聞き出し、どんな些細なことでも常に考えて工夫を重ね、その要望に応え続けます。

それによって、顧客は満足度を高め、未来工業でなくてはならないという関係性を築いていきました。関係の質を向上させるための具体的な行動を考えるわけです。

支援型リーダーシップを発揮する方向性として、これ以上ない事例だと思います。

⑥合意形成をはかる

　支援型リーダーの傾聴力が増進すると、職場内でのコミュニケーションが活性化します。

　メンバーからの意見や思いがよく出てくるようになったと感じられるようになったら、ただ聴いているだけではなく、相手の自発的行動を促すアプローチが必要になってきます。

　それが、この「合意形成をはかる」段階です。

　業務命令や指示ではなく、話し合いの結果、メンバーが納得して行動を起こすように対話の質を高めていくのです。

　ポイントは、自身の主観にとらわれず、**少数意見を大切にして考えの幅を広げ、視野を広く持つこと**です。

　ふだんの仕事では、正解を明確に確認することは難しいのですが、仕事を進める際に十分に合意形成をはかって、皆が納得して行動していくことを習慣にしていきましょう。

　それが企業文化となったとき、業績向上という形で結果が目に見えてくるはずです。

　なお、合意形成についても、非常に重要な行動なので、次章で深掘りします。

⑦信頼する

　これは、支援型リーダーシップのキモといってもいい行動です。

　相手のことを信頼しなければ、すべては始まりません。合意して納得したのですから、相手が自発性を発揮することを信頼していきましょう。

　多少の時間差や試行錯誤の多寡はあるかもしれませんが、メンバー全員が必ず達成してくれると信じて、信頼していきましょう。

⑧任せる

させてみること、これもまた成長には欠かすことができない行動です。この行動のポイントは、まずは失敗してもトラブルや重大な問題には至らない程度の事案から相手に任せていくことです。

そして、任せた以上、そのプロセスであれこれ指示したり、いちいち確認したりせず、結果・結論を待つことです。その結果・結論から、また未来に向けた対話を始めていきましょう。

⑨承認する

マズローが提唱した欲求5段階説では、2番目という高次に位置づけられた行動です。この段階があるから、その上位である「自己実現」が叶うとしています。自立自発的に主体性を発揮して、自分史上で最高・最大のパフォーマンスを実現するというのです。

日本理化学工業の故大山泰弘氏が説いた名言である、「仕事を通じて得られる究極の4つの幸せ」（人から愛されること・人に必要とされること・人の役に立つこと・人にほめられること）にも、「ほめられること」が明確に入っています。

チャレンジしていること、努力していること、成功したこと、失敗してもあきらめないこと、など、承認する場面はたくさん訪れます。そのつど機会を逃がさず、声がけ承認をしていきましょう。

よいほめ方についても、5-4項で詳しく取り上げます。

⑩感謝する

最後の10番目の基本行動は「感謝する」です。

人間が1人でできることなんて本当にわずかです。チームメンバーやたくさんの協力者、支援者のおかげで今日があることを常に忘れずに、日々、感謝の念を抱いていきましょう。

実践的な「傾聴」ノウハウ

「聞く」と「聴く」は違う!

よく指摘されていることですが、「傾聴」とは「聴く」ことであって、「聞く」ことではありません。

「ちょっと時間をつくってくれないか」と、メンバーと向き合う時間をつくることは、どの職場でもよく見られる光景です。

リーダーとして、自分は意識してそういう時間をつくっているという人も多いでしょう。

しかし、その対話の時間をみていると、いつの間にかリーダーのほうが話している時間が多くなっているケースによく遭遇します。

これでは、聴くつもりが、聞いてしまい、反応してしまっているという状態です。そうではなく、**相手の"いま"を理解する**ことを**目的にしておく**ことで、傾聴は成り立ちます。

相手が話しているときに、こちらが何か言おうと思っている状態は、ただ聞いているだけにすぎません。

文字どおり相手の言葉を耳に入れてはいますが、その言葉の真意とか、背景についておもんぱかっていくという姿勢がないと、「それより、こうしたらどうだ」といった指示を出したり、「それは無理だろう」というダメ出しをしてしまい、傾聴の時間ではなくなってしまいます。

傾聴中は、とにかく主役は相手

何か教えたり、諭したりすることは、傾聴している時間では必要ありません。

いま、相手にどのようなことが起きていて、それに対してどのような気持ちや感情を抱いているのかを感じ取る「共感」をするのが、

傾聴の時間です。

そういう共感の状態でいると、たとえば、"なるほど家族にそういう事態が起きているのなら"、「それはよかった、うれしいね」とか「つらい思いをしているんだね」といったように、喜怒哀楽の感情を示す言葉を素直に口にして相手に伝えることができるはずです。

喜怒哀楽の感情を示すことで距離感が近づく

この喜怒哀楽の感情を示す行動をすると、「この人は、自分のことを理解してくれようとしている」と、はっきりと距離感が縮まります。

つまり、関係の質がよくなっていくことが実現できるのです。

それは、自分が相手からそうされたら、やはり実感できることなのではないでしょうか。

相手が一生懸命に話しているのに、こちらから次の話題にふられてしまうようでは、やはり「ちゃんと人の話を聴いているのだろうか」と疑問をもたれてしまうでしょう。

喜怒哀楽の感情を示すのが「共感」ということです。それができてこそ、傾聴が実践できているのだと考えてください。

同意する必要はない

相手の感情や思いを受け止めたあとについては、「それは腹立たしいな、よし自分に任せておけ」と、必ずしも同意を示す行動をする必要性はありません。

傾聴は共感することが目的だということを、改めて踏まえておきましょう。

相手の状態をおもんぱかったうえで、どのような支援をすることができるだろうかと、思慮することはもちろん大事です。

ただし重要なことは、相手が自己解決できるように支援していくことです。相手の自発的な次の思考と行動につながる時間になれば、それはとても良質な対話になっていきます。

 **自発性を促す**

　傾聴の結果、相手がどのような状況で、どういった思いを抱いているのかがわかります。

　ここで、慌てて手を差し延べてしまっては、相手は楽になるかもしれませんが、相手にとっては課題や問題を自分で解決していく時間を奪ってしまっていることになります。

　それでは、いつまでも成長することはできません。優しさと甘えを、はき違えないようにしていきましょう。

　いわゆる"ナアナアな関係"になっては、いい結果がもたらされないことは自明です。

相手が考えるように「投げかけ」をする

　相手に対して有効な行動は、助言、アドバイスです。

　「いま、とても大変そうだな。まあ、でもここを乗り越えていけば、きっと成長できるはずだよ」とか、過去に同様な出来事があったとしたなら、「自分は、こんなことをして乗り越えた経験があるよ。参考にしてはどうだろう？」といった「投げかけ」をして、相手が主体的に解決できるヒントや気づきを得てもらえるように、働きかけていきましょう。

【決めつけないことが大切】

　ここで自分の価値観を持ち出して決めつけ、ああだこうだとやってしまっては、それまでの傾聴の時間が台無しになりますから、十分に留意してください。

　対話が終わった後は、相手が考えて行動してくることを見守っていく時間となります。

　相手も苦しく、きつい時間かもしれませんが、簡単に手を差し延べることをせずに、「待ち」の姿勢でいることです。

「待つ」ということ、それが支援型リーダーの急所

日本理化学工業の故大山泰弘会長は、その著書のなかでこう回想されています。

「人を育てる－実に骨の折れることです。時間はかかるし、辛抱もしなければなりません。それでも、私は「待つ」ことを大切にしたい。

小さな成長に眼を向け、励まし、支えることで、その人は必ず育っていく。そして、『待つ』ことによって、私たちは『絆』という大きな果実を得ることができる」（WAVE出版発行『利他のすすめ』より）

重度の障がいのある方たちを何十人も、健常者顔負けの職人に育て上げた実績のある大山さんの言葉には、説得力と重みがあります。

種をまいたからといって、土のなかから、すぐに芽が出てくるわけではないことと似ています。ちゃんと土壌を整え、肥料と水も十分に与えたと自信があるのなら、あとはまいた種が発芽してくることを待つしかありません。

【「待つ」ことで相手も自分も成長する】

この待っているときは、間違いなく相手が思考と行動の質を高める時間です。

そして、その時間は同時に、支援型リーダーとしての自分の人間力が成長する時間でもあるのです。

心の器を広げることをしないと、「待つ」ことはできません。

待てたということは、自分の心が成長し、人間力が増進したという証でもあるのです。

小さいころ、明日、芽吹くかなと鉢植えに植えた花の種の変化を楽しんだように、メンバーの成長を楽しむという感覚で「待つ」ことをしていきましょう。

承認欲求を満たして
自主性の継続をはかる

　対話を行ない、傾聴して、相手のいまをおもんぱかり、自主的に考え、行動してくれるのを「待つ」状態になります。信頼して任せたら、相手も期待に応えようと思考し、行動しはじめるはずです。

　その相手の変化、行動が見て取れたら、すかさず、「頑張ってるな」とか「すごいね」など声がけをしていきましょう。

　それにより、相手の承認欲求は満たされ、さらに「もっと頑張ろう」と動機づけられていくことになればしめたものです。

おだてにならない相手の心に届く「ほめ方」とは

　ほめる行為は、承認の行動の最たるものですが、おだてるのではなく、まさしく「承認していく」ことが大事です。

　以下にあげるような場面では、相手の心に率直に響くため、おだてることにはならず、ほめたことがよりよい人間関係の構築につながっていくことになるでしょう。

【「成長」をほめる】

　リーダーが指導や助言をした仕事をこなし、一定の成果をみたときには、ほめるタイミングです。

　相手が達成した仕事の事実をふまえ、それまでできなかったことができたこと、みて取れた努力などを認めてほめてあげましょう。

【「貢献」をほめる】

　誰かの役に立ったという事実があったときも、ほめる好機です。特に、お客様からのサンキューレターなどがあった場合には、最高のほめる場面となります。

　全社員の前でその事実を紹介するか、情報を共有して称えましょう。そして、なぜ、そういう仕事ができたのか本人に語らせると、それが今度は他の社員への"やってみせ"につながっていきます。

【「継続」をほめる】

　何かをコツコツと、いわゆる凡事徹底の実践が他の手本になるくらいまでになったときも、ほめるチャンスです。

　特に、朝早く来て、何年も掃除をしてきたというような利他心の発揮をとらえることができたなら、最高の承認となることでしょう。

　ブログやメルマガを発信し続けてきたことなども、ほめるにはいいかもしれません。隠れた努力に光をあてましょう。

【「個性」をほめる】

　その人がもっている良さや強みなどが、いかんなく発揮されたときには、「さすがに、○○さんは違うね」というように、その個性を改めてほめてあげましょう。

　長所は、自分でも意識しているところですから、それをほめられれば、さらに存在感を高めていこうという動機づけにもなるでしょう。

【「態度」をほめる】

　元気な笑顔でいつも人と接していたり、謙虚な姿勢がみられたり、相手に対する感謝の姿勢が素晴らしい、あるいは礼儀正しさが際立っていたなど、周囲に好影響を与えている人間力の発揮がみられる場合にも、ほめていきましょう。

　このことは、心を大切にする人にやさしい企業文化の形成に寄与していきます。

心理的安全性の高い組織づくりへ

何でも言える組織風土をつくっていこう

　相手から相談に乗ってほしいなどと対話を求めてきたら、積極的に応じて、よりよい気づきが生まれるようにサポートしていきます。

　相手からの行動を活性化するためには、何でも言える組織風土をつくっておくことです。そのためには、自分たちが大切にしていく「あり方」を、皆がしっかりと共有できている状態が求められます。それが「経営理念」ということであり、自分たちらしさです。これはやはり根源的に重要なことです。

　判断に迷ったときに立ち返る場所が明確になっていればいるほど、メンバーの支援型リーダーシップは活発に発揮されるようになり、より質の高いコミュニケーションが実現し、それが関係の質を大いに高めてくれる要因となっていきます。

【朝礼を何でも言える場にしている会社】

　長野県にある人気の旅館業である「岩の湯」の朝礼に参加させていただいたことがあります。

　岩の湯では朝礼で、前日に実際に起きた出来事に対して振り返りミーティングをしています。お客様への昨日のその行動が「幸せをアートする」を経営理念とする岩の湯らしかったのかどうか、先輩・後輩を超えた健全な批判精神を発揮しながら、理想とする自分たちに近づくための「自己検証」を繰り返し実践しているのです。

　まさしく支援型リーダーシップを全員が発揮する場づくりが実現されていました。それは心理的安全性の高い組織でなければ実現は難しいでしょう。次章で、どのようにして心理的安全性の高い職場をつくっていけるのか考察してみたいと思います。

6章

6章

対話力ある組織づくりの
実践のしかた

6-1

職場に心理的安全性を創る
オフサイトミーティングとは

 社内対話の質と量が最重要

　人本経営の成否が分かれるといっていいくらいの重要事項が、「社内対話の質と量」です。

　朝礼にこだわる、社内研修を行なう、定期的に合宿をして話し合う場をつくる、社長が自ら社員とひざ詰めの対話をする社長塾を開催する、などそのやり方は各社それぞれですが、社内対話によって推進していきたいことは、社員の自発性、自律性を高めていくことに尽きます。

　それを実現している達人の人本経営者の言葉には、うんちくがあります。

【社員が自発性のスイッチを入れられる状態に】

　支援型リーダーシップをマザーリングマネジメントという概念で提唱するホテルグリーンコア（株式会社ＮＡＶＩ）の金子佑子代表は、「『信頼されている』『受け入れられている』『関心をもたれている』という状態をつくることが必須で、それを社員が感じて、自発性のスイッチを本人たちが入れる」と語っています。

【社員が伸び伸びするためには】

　また、社長が社員のパートナーになりえているかを常に問うという株式会社ファースト・コラボレーションの武樋泰臣社長は、「リーダーは心情に寄り添って察すること。これができないとボスになる。連帯と信頼だけでは社員は伸び伸びしない。社員が伸び伸びするためには安心感が必要で、安心感とは、何でも言える、認められている自己開示ができる状態にあること」と語っています。

職場に心理的安全性を創る「オフサイトミーティング」

　金子代表や武樋社長が指摘されているような「心理的安全性のある組織づくり」のための対話のあり方として、いま「オフサイトミーティング」が注目されています。

　わが国にオフサイトミーティングを普及させてきた株式会社スコラ・コンサルトによると、オフサイトミーティングについては次のように説明がされています。

●会　議………………………まじめにまじめな話をする場
●アフター5の飲み会………気楽に気楽な話をする場
●オフサイトミーティング…気楽にまじめな話をする場

【「飲まない飲み会」のイメージ】

　物理的に会社の場所から離れてということではなく、社員同士が組織のなかでの自分の“場所”、つまり立場や肩書きから離れて「気楽でまじめな話し合い」をするのがオフサイトミーティングのコンセプトというわけです。

　換言すれば「飲まない飲み会」を就業時間に行なうといったイメージです。これまでの会議やミーティングとは違う発想で、1人ひとりが主人公となれる場づくりをしていくことは、職場での人間関係の質をぐんとよくしていく効果があります。

　それを実践していくのが、オフサイトミーティングです。組織が本当に大事なことを本質まで考えて行動できるようにするため、意図して設ける話し合いの場のことで、安心してものが言えて聴ける話し合いのしかたを体得し、本音の対話で「つながり」を生み出す場づくりをしていきます。

　気楽に真面目な話し合い、というよりは、**聴き合う体験**をしていくのです。

オフサイトミーティング導入による
会議革命の実現

　スコラ・コンサルトでは、オフサイトミーティングは「交流型」「目的共有型」「課題解決型」の３種類があると解説しています。

　まずは「交流型」を体感して、全社員が聴き合う対話のあり方を腹落ちさせることが必須です。

「交流型」オフサイトミーティングのデザイン

　オフサイトミーティングのスタイルは、「研修」という形でスタートすることでよいでしょう。

　３時間くらい取れるなら、以下のようなカリキュラムを用意します。参加者は１グループ　３〜４人程度で、所属部署に関係なく編成します。

　ちなみに、「交流型」オフサイトミーティングの目的は、メンバー同士が話し合える関係になることです。

交流型オフサイトミーティングのカリキュラム

- 本日の目的とオフサイトミーティングとは何かのレクチャー（30分）
- オフサイトミーティング体感ワーク「ジブンガタリ」（60分）
  　　　　　　　　　　　＜休憩＞（10分）
- ワークでの気づき明確化…ワークシート記入とグループディスカッション（30分）
- 気づきのシェア…スピーチ＆ファシリテーション（40分）
- 振り返りシート記入（10分）

オフサイトミーティングに参加中は以下のルールを決め、参加者に守ってもらうよう伝えます。

┌─────────── オフサイトミーティングのルール ───────────┐

◎相手に関心をもって話をじっくり聴く

◎肩書・立場をはずす

◎自分の言葉で語る

◎正論で相手をやっつけない

◎自分の弱みを出すくらいに「素」の自分を出し合う

◎結論を出すことを急がない

◎ここだけの話は、本当にここだけ

◎話し手は話したくないことは話さないでOK

◎聞き手は聴かないことがNG

└──┘

【体感ワーク「ジブンガタリ」】

交流型の体感ワークでは、「ジブンガタリ」の実施をお勧めします。

これは、3人ないし4人で編成したグループのメンバーが、車座で向き合い、1人当たり15分から20分の時間を設け、その時間は順番に、自分のことを語ってもらいます。家族、生まれた場所、趣味や特技、休日にやっていること、人生の転機となったこと、自分の生き方に影響があったエピソード、なぜこの会社に入ったか、いま悩んでいること、モヤモヤしていること、問題に感じること、などを語ってもらいます。

その時間は、語り手の時間ですから、他のメンバーは、共感したり、相手が話をもっとできるように質問を投げて、相手に関心をもって話をじっくり聴くように努めてもらいます。

参加メンバーは、最初は15分、20分も話せないととまどいますが、それは杞憂に終わります。話したらあっという間だった、長いと感

じたけど家族の話や趣味の話で盛り上がれた、とスッキリ感をもつようになります。

効果抜群のオフサイトミーティング体感ワーク研修

　近年、弊社では、人本経営を実現したいと考える組織において、関係の質の重要性の学びの場として、このオフサイトミーティングを実際に体感して、その効果を実感していただく研修を各企業に実施しています。

　どこの企業で行なっても、参加者の感想や気づきはきわめて高く、その効果が絶大であることを確認しています。

【受講後の参加者の感想】

　ちなみに、以下のような感想が研修後に届いています。

　「いつも会話している人なのに、プライベートなことは意外と知らないことが多く、その人のイメージが変わったので、とてもいいなと思いました。そして、話しやすくなった」

　「ふだん、時間をかけて話をする場があまりない状況で、こういった場をつくり、面と面で向かい合って話すことはとても新鮮だった」

　「ふだん、会話をしていない相手でも、オフサイトミーティングをすることでより親密になれたように感じ、個々に思っていること、感じていること、人間性がわかる。つながりを感じる」

　「アルコールの入った席とはまた違う相手の背景が理解でき、仕事上のことを頼むにしても、事情を知ったうえでの話し方ができることで、オフサイトミーティングの価値がわかった」

　「ふだん、ゆっくりと話すことのできない人たちの話を聴けて、とても親近感が持てるようになりました」

　「他の方の話を聴いて、見た目のイメージや話し方などで決めつけていた自分に驚きました」

【社長も絶賛するその効果】

そして、初めてオフサイトミーティングを実施した後、その会社の社長からはこんなメッセージをいただきます。

「小林先生、ありがとうございました。いま社員の感想文を読み終わりましたが、全員、今回のオフサイトミーティング研修は本当に良かったと書いていました。社員同士がお互いの関係をよりよくするには何が必要なのかということを全員が理解できたようです。素晴らしい成果だと思います。これからは自然に実践できるように会社として支援したり、場の提供を工夫していきたいと思います!!」

 ## 関係の質を向上させるオフサイトミーティング

オフサイトミーティングは、関係の質をよくするということをわかりやすく体感できる優れた手法だと感じています。

オフサイトミーティングは、相互理解を深める「交流型」から始めて、定期的にメンバーを変えて繰り返していくことで、何でも言える組織風土を醸成していきます。

そうして心理的安全性が担保されてきたら、「目的共有型」「課題解決型」のオフサイトミーティングへ進化させていきます。

役職、部署に関係なく4か月ごとにメンバーチェンジを繰り返していくオフサイトミーティングを導入した企業では、ワークシェアという概念ができあがっていき、仕事の本質的な課題を自分たちで見出し、その解決策を考え、自ら行動して改善し続けるサイクルができたと回想しています。

オフサイトミーティングを継続的に実践できる場づくりをサポートすることは「スポンサーシップ」といわれ、これからの支援型リーダーに求められる重要な能力ともいえるでしょう。

ぜひ、あなたの会社でも、オフサイトミーティングを始めてみませんか。

成功確率が高まる傾聴力が
身についたリーダーのいる組織

 聴き合うことを重視した対話を重ねる

傾聴を大事にするオフサイトミーティングが、社内の対話スタイルとして定着してきたら、社員同士の相互理解が高まり、状況に適した対応がはかられるように、関係の質が改善されていることを確認できます。

オフサイトミーティングという言葉をつかっていないとしても、多くの「いい会社」では、朝礼などの対話場面で、オフサイトミーティングで得られるような体感を社員に経験させていると考えられます。

3章で紹介した伊那食品工業の数値議論のない会議も、まさにそうした取組みのように感じます。話し合うことよりも、聴き合うことを重視した対話を重ねているのです。

 傾聴力が正解を導く

傾聴力が身についたリーダーは、独断専行することがなくなってきますから、課題解決にあたって、より正解に近づく選択肢をチョイスできるようになっていくことがわかります。

たとえば、新規事業を立ち上げようという計画が持ち上がったとします。リーダーとして、どのように資源を投入して、どうすれば成功していく確率が高くなるか検討し、プランニングすることになるでしょう。

独善的なリーダーだと、計画段階も1人で考えて計画をまとめあげ、できたプランをメンバーに示し、これで行くぞと号令をかけていきます。メンバーたちから出る疑問も説き伏せて、自分の計画がいかに正しいかを説得しようと試みていくのではないでしょうか。

　そして最後は、権限をつかって業務命令という伝家の宝刀を抜いてしまいます。その結果、成功することはないとはいいません。しかし、確率はとても低いと断じざるを得ません。

 ## 独善が失敗しやすい理由

　独善だと、失敗しやすいのはなぜか。まず1つは、業務命令では、メンバーは、言われたことしかやらない状態になっていますから、チームは掛け算にならず、高いパフォーマンスが期待できないと考えられるからです。疑問を感じているのに、やらされている状態では、仕事に身が入るわけもないのです。新規事業の開拓で客先を訪問しても、あと一押しができないで戻ってきてしまい、「ダメでした」と報告する場面が目に浮かびます。

　成功の可能性が低いと考えられる、もう1つの理由は、リーダーの独断で考案したプランそのものが、成功に向けたベストの計画ではないと判断できるからです。

 ## 一枚岩になるチームの強さ

　新規事業の計画段階で、メンバーと十分に対話して、さまざまな角度から意見出しを仰ぎ、たしかに一理あるという提案は、欠かさず計画に反映させていくことが、成功の可能性を格段に引き上げていくことになると推測できるのです。

　この場合、意見が採用されたメンバーはどう感じるでしょうか。リーダーは自分の意見を聴き入れてくれた、この計画は自分も関わったという当事者意識をもつようになるのは、想像に難くありません。その結果、納得して行動するようになります。やらされているより、はるかにモチベーション高く仕事をしてくれるようになるでしょう。

　それが、客先の現場での粘り腰につながり、「やりました。受注しました！」という喜びの報告の場面につながっていくことも多くなるでしょう。

合意形成の威力を知っておこう

 合意形成のルールを策定する

　人本経営を指導させていただく企業で、合意を形成するワークも
よく行ないます。ワークには正解があるものと、価値観の優先順位
を述べあうといった正解のないワークがあります。

　正解のあるワークは、たとえば、砂漠で遭難したという状況を設
定して、サバイバルするための優先順位をつけていくといった内容
です。サバイバルの専門家による模範解答というのが用意されてい
ます。

　最初は、自分1人で考えて、答えを出します。その後、6～7人
のグループに分かれ、45分の制限時間で、グループとしての答えを
出すための話し合いを行なってもらいます。

　その際には、以下のルールを守って進行していきます。

合意形成のルール

1. 自分の意見はハッキリ言い、他人の意見もシッカリ聴く
2. お互いの考え方や価値観の違いは認め、受け入れる
3. 少数意見は無視せず、考えの幅を広げるものと考え、大切
   にする
4. 平均値や多数決という葛藤を避ける方法は使わず、また安
   易な妥協はしない
5. 論理的に話すことは大切であるが、同時に各々のメンバー
   の感情やグループの動きにも十分配慮する

最初に考えた自分の解答を変えていくのは、なかなか難しいものです。しかし、傾聴することの大切さを学んでいると、相手がなぜそう思うのか、背景や理由をお互いに受け止める対話ができるので、なるほど、それも一理あるなと寄り添っていき、徐々に個人の解答が、それぞれ修正されながら、チームとしての解答へとまとまっていきます。

 ## 驚くべき合意形成の効果

わずか45分程度という短い話し合いの時間ですが、この結果、驚くべきことが起こります。

最初に自分1人で考えた解答と、グループで合意形成した解答とでは、正解について比べると、圧倒的にグループで合意形成した解答のほうが正解に近づくという現象が起きるのです。

体験上、ワークをしたグループの90%以上のケースでそれが生じてくるという実感をもっています。

"三人寄れば文殊の知恵"とはよく言ったもので、少数意見を排除せず、いろいろな角度から検討していくことで正解に近づくのだとわかります。これは、物事の道理といっていい作用といえるでしょう。

また、正解のないワークでも、お互いの意見、価値観を聴き、受け入れるという対話の時間があると、チームでの解答には、それぞれのメンバーの納得感が増していることが見て取れます。

関係の質のよさが結果の質につながる法則は、ここでも検証できるわけです。

 ## 実際の仕事に活きる体感

この合意形成の体験ワークの体感の説得力は、実際の仕事の場面でも活かされていきます。

前項の新規事業に関する計画などは、どのようなプランでいくのが正解か明確にはわかりません。

しかし、部門のメンバーで時間をかけて、皆が納得して合意形成したプランならば、確実に正解に近づいているだろうと、当事者は自信をもって進めることかできるようになるのです。

　そして、ぜひこれでやってみたいという絶大な原動力になっていきます。

社風をよくしていくためには
何をしたらよいか

　ここまで「オフサイトミーティング研修」と「合意形成のワーク研修」について、詳しく紹介しましたが、これらは社風をよくしていくことを目的にして開催します。

　社員1人ひとりが、相手の立場に立った行動ができるような利他力のある社員を育てる企業文化をつくること、それが社風をよくしていくということに他なりません。

利他力を高める気づきをいかに誘発するかがカギ

　職場で働く社員1人ひとりが、朝から夜までの貴重な時間を費やしている仕事が、自己成長につながり、また皆が輝き、働きやすい職場をつくるためには、どのような心構えで仕事をしていくことが大切なのか、それに気づくことで利他力は促進されます。

　この気づきを、社員たちには多く得てもらい、そして気づきにとどまらず、行動そのものを変えてもらうことを実践していただくために、紹介したような研修を行ないます。

　最良の手段は、人を大切にする経営を実現している会社に、実際にベンチマーク視察に行って体感してくることです。

　しかし、同時に多くの社員がその場に出かけていくことは、現実的にはなかなか大変です。そこで、研修という形で実施するわけです。これを弊社では「**社風をよくする研修**」と称しています。

　研修としか言いようがないので、研修と呼んでいますが、参加者の内発的動機づけがはかられる貴重な場と時間になります。

　参加した社員からは、よくこんな感想が届きます。

　「人としてどう生きるべきか、とても考えさせられた。人の心の

豊かさが、自分も相手も満ち溢れるような職場にしていきたい」

　研修内容としてほかにどのようなことを実施しているか、ここで紹介しておきましょう。ぜひ、あなたの会社でも参考にして実施してみてください。

【ＤＶＤ視聴】

　これは、本当は現地に行きたいのですが、制約もあるので、「いい会社」といわれる企業の模様が収録されたＤＶＤを教材として用いる研修です。

　ネット上からも、けっこうよい内容のものが入手できますが、株式会社ブロックスという映像制作会社が販売している「DO IT！」シリーズは秀逸です。

　社風をよくする研修では、同社で出している「仕事の原点」シリーズを使うのが、とてもフィットします。実際に働いているスタッフたちの様子の紹介や、なぜそういう行動をするのか、仕事に対する思いなどをインタビューでまとめているので、いい気づきが得られやすいのです。

【本の読み合わせ】

　これは地味なのですが、人本経営の推進に役立ちそうだと考えられる市販の書籍を教材にすることも、想像以上に有効です。

　たとえば、伊那食品工業の塚越寛さんの『いい会社をつくりましょう』（文屋刊）、日本理化学工業の大山泰弘さんの『利他のすすめ』（WAVE出版刊）、坂本光司教授の『日本でいちばん大切にしたい会社』（あさ出版刊）、『強く生きたいと願う君へ』（WAVE出版刊）などです。

　ここに紹介した書籍は、いずれも人として生きるうえで大切な気づきを心深く誘発してくれます。

　もちろん、時間内に１冊丸ごと読み合わせすることはできませんから、特に、この章のこの節は、ちょうどいま、職場で起きている

問題や事象を考えていくうえで、とてもよい示唆を与えてくれそうだというところを、研修企画時にチョイスして題材として提供していきます。

【体感ワーク】

本書で紹介した「オフサイトミーティング」や「合意形成ワーク」が、まさにこの「体感ワーク」なのですが、参加者が一定の時間、用意されたシミュレーションや課題設定をプレイヤーとして体感してもらう研修です。

体験型の実習は、楽しく、ときには厳しく身に染みて、気づきが喚起されるので、参加者の満足度が高くなります。

 ## ふりかえりが重要

たとえば、映像視聴の研修であれば、視聴後、印象に残ったこと、登場したスタッフの意見や考え方にはどんな共通点があったか、何を大切にしていたか、そして、自分の職場でそれに近づくにはどうしたらよいか、といった"投げかけ"をシートにして、参加者1人ひとりが気づきを明確化する時間を取ります。

そして、グループ討議をしたのちに、今日の気づきや感じたことを1人3分程度の時間を取ってスピーチしていきます。他のメンバーのスピーチがまた新たな学びとなり、3時間の研修が終わるころには、絆が高められていることが確認できます。そして最後に、再び、1人ひとりが今日の学びを振り返り、気づきを行動に変えていくための時間をとって締めます。

参加者からは、「研修で学んだことを、少しずつ実践に取り入れてゆき、いままでに紹介された会社のような職場にしていきたい」といった前向きな意見が多く出てくるようになります。

こうして、意識を高くしていくことを定期的に繰り返していくと、社員1人ひとりの人間力が向上し、やがて職場の社風がよくなっていくのです。

社風をよくする研修の進め方

　筆者が実際に実施している、社風をよくする研修の進め方についても、紹介しておきましょう。

【実施時間とスパン】

　これまでの体験では、1か月に1回、3時間の研修で十分に効果が上がります。まずは半年間、あらかじめ研修の実施スケジュールを決めて、定期的に開催していく体制をつくります。

【研修のサイズ】

　これも体験上、20〜25名程度までのサイズが最適と感じています。全員参加で進めていくことが最も効果的です。もちろん、経営者も参加します。

　社員数によって実施スタイルはそれぞれ異なるでしょうが、管理職や一般職といった階層に分けて実施することは、社風をよくする研修ではあまりお勧めできません。日々、一緒に仕事をしている部単位、課単位で20〜25名程度のグループを組んで実施していくことがベターです。

　これまでみてきたように、人本経営では職場の人間関係のあり方は、上下ではなく同志、フラットにしていくことですから、研修もそうありたいのです。

【研修の内容】

　おおむね次のような時間配分で進めていきます。

● あいさつ／研修目的の確認…10分

● 気づきを与える題材の提供…45分〜60分

● 気づきの明確化シートへの記入＆グループディスカッション
　…30分

<休憩>10分

● 気づきシェアのためのスピーチ…60分〜75分

● 振り返り／まとめ…10分

 ## 社風をよくする研修の効果

　まず6か月間、1か月に1回実施していくとよいでしょう。

　効果があると判断したら、継続していきましょう。前向きに仕事にあたるようになる、よいマインドセットの時間となっていくに違いありません。

　これまで実施してきた会社、組織では、この研修を実施することで、次のような効果があるとみて取れます。

社風をよくする研修で達成されていること

● （この会社で）働くことができることへの喜びの覚醒

● かけがえのない仲間に対する感謝と絆の強化

● 経営者が考えていることを社員が自発的に実践

● お客様への対応が変わる

● 職場の空気感の劇的な変化

● 労働紛争が起きる心配がなくなる＝健全な職場の実践

　顕著に変化を感じるとよく指摘していただくのは、お客様への対応です。曰く「商品を売るのではなく想いを伝え、お客様のために何ができるかを考え、喜んでいただける会社づくりができるようになった」という具合です。

　また、経営者の方からは、「自分と社員との距離感がより近くなった」「本音で話のできる関係性ができてきた」と、明らかに関係の質が好転したと感じられる感想をいただくことが多いです。

これまで弊社では、建設業、ＩＴ関連、金融保険業、農業法人、旅館業、産廃業、サービス業など、さまざまな職場でここで紹介してきた研修を実施してきました。

　業種、業態、規模に関係なく、有効であることは体感済みです。

　「人本経営」ですから、そこに働く人がいるのであれば、普遍の効果があるというわけです。

人間力を基軸とした
新しい経営人事マネジメントの実践

パワハラ防止に向けて
不可欠となる「人間力」

　パワハラ労災問題で揺れたトヨタ自動車ですが（序章参照）、二度とパワハラが起きない職場にするとして、その実践のための対策プランをホームページで公開しました。

　「再発防止に向けた取り組みについて」と題された資料には、1人ひとりの社員が安心して働ける職場を築くために「風通しのよい職場風土づくり」、「パワーハラスメント行為を行わないマネジメント」、「メンタルヘルス不調者に対する適切な対応」等の施策について取組みを進めると書かれています。

思わず声を上げたトヨタのパワハラ対策

　トヨタの対策プランには、相談窓口の充実や精神科医との連携強化、就業規則の見直し、管理職への再教育、人事情報の共有、休務者の職場復職プロセスの見直しなど、パワハラ対策として考えられる施策がずらりと並んでいますが、そのなかで、「あっ」と声を上げてしまった項目があります。

　それは、「評価」に関する事項です。資料ではこう記されています。
　「評価基準を見直し、今まで以上に『人間力』のある人材、周囲へ好影響を与え、信頼される力を持つ人を評価します。加えて、役員、幹部職・基幹職を対象に、360度アンケートを導入いたしました。対象者の強み・弱みに関する周囲の声を集め、本人にフィードバックすることで、自らの行動を振り返り、改善につなげてまいります」

　実は、10年以上、人本経営の指導をしてきた会社で、まさしく「評価制度」の整備に着手をしているところなのですが、制度導入にあ

たって、非常にこだわっている点がこのトヨタの施策と酷似している
のです。

　指導先の評価制度では、まわりから一定以上の「人間力」を評価
されている者でなければ人事考課者になれないしくみ、そして、そ
の「人間力」評価は、ランダムに選出される上司、同僚、部下の複
数の社員による他者評価の平均点を採用していく方針を固めたとこ
ろだったのです。

慎重な対応が求められる評価制度の導入

　せっかく人本経営の実践で社風、企業文化が優れてきていても、
人事権という強権を発揮する人事制度が導入され、一部の権限行使
者にその執行が委ねられ、曲折して運用されていたのでは、いっぺ
んに人を大切にする経営は吹き飛びかねません。

　そして、人事制度のうちでも、特に評価制度は、モチベーション
にとって諸刃の剣となるものですから、慎重には慎重を期して導入
準備をしなければなりません。

　仕事はできても自己中心的で他者への思いやりが示せない人材は、
考課者につくことができないしくみを担保できることが、人本経営
における人事評価制度としてふさわしいと試行錯誤した結果が、ト
ヨタの打ち出した方針と一致したということは、驚きであると同時
に納得です。

　なぜならば、トヨタの豊田章男社長は2010年から、本書でたびた
び紹介してきた、人を大切にする人本経営成功企業のレジェンドで
ある伊那食品工業の塚越寛さんの経営哲学に啓蒙され、近づこうと
歩んでこられていたからです。

人本経営における評価制度の特色

　4章で、人を大切にする人本経営を実現して、社会的に「いい会
社」だと評価されている組織には、経営面の法則的特長があると指
摘しました。「人本経営35の基準」として示したとおりです。

このなかには、評価制度面の特長がないことに、賢明な読者の方はお気づきではないかと思います。

800回に及ぶ「いい会社」ベンチマーク実施時には、社労士という職業柄、人事評価制度には、関心をもって視察をしてきました。

【法則性がなかった評価制度】

しかし、評価制度として、これが評価の「あり方」であるという特長がついに見出せなかったのです。そもそも、「いい会社」の経営者の方は、制度の自慢をすることがほとんどありませんでした。

やはり、制度より風土を大切にしているということばかりが伝わってくるのです。

それでも、伊那食品工業、未来工業では「年功序列」の評価制度を採用していることがわかりました。ベストではないが、ベターであり、これに変わる評価制度はないと確信的に実施しています。

年輪経営によって末広がりに企業がよくなっていきますから、そこで働く社員の年収も加齢とともによくなっていき、年相応の豊かな生活を実現できるには、年功序列がいいというわけです。

一方、埼玉県にある川越胃腸病院では、弥冨式といわれる能力主義型評価制度が用いられていて、職員の皆さんは公平性を感じてやる気を増しているということでした。

また、神奈川県のアクロクエストテクノロジーや東京都のライブレボリューションでは、360度多面評価が採用されていました。

このように、各社の評価制度の特長はさまざまでした。

評価制度はしくみではなく、信頼感の問題

こうしてベンチマークを重ねているうちに評価制度について、ある段階で気づきました。しくみとしての評価制度が問題なのではなく、組織に対する信頼度の問題なのではないかということです。社員の方たちが、その企業や法人に対する信頼感が抜群であると、どんなタイプでも評価制度は機能していくという帰結です。

2章で育児休業について、制度があるからではなく、「お互い様」「おかげ様」という文化があるから、社員が気持ちよくこれを利活用し、モチベーションを高めていると紹介しましたが、評価制度についてもまったく同様なのだということです。

したがって、人本経営を実践し始め、よりよい状態に組織風土が整ってきた経営者から、評価制度のことについて相談されたら、筆者は、原則的には、いまのまま、あるいは年功序列でいきましょうとお勧めしています。

人本経営を伝承するしくみとしての評価制度のオファー

しかし経営者の方は、そうはいっても、やはり明らかに人の役に立つ行動をしてくれる社員には、報いてあげたいという思いが強く、それを反映した評価制度にはとても関心を示します。

前述の10年ほど人本経営の指導をさせていただいてきた会社の社長さんもまたそうでした。

そして、社長自身も還暦を過ぎ、やがて引退する日が近づいてくるなかで、せっかく築いた人を大切にする組織風土を継続させていくことを、後継者ひとりに負わせるのではなく、なんとかサポートできるしくみとして、評価制度にも反映できないだろうかと相談されてきたのです。

人間力重視型人事考課制度とは

　前項のオファーを受け、筆者も思慮しました。

　この社長さんと、そしてこの会社との出会いがあったおかげで、私は人本経営の伝道の仕事を確固たるものにできました。そこで、何とか恩返しをしたいという気持ちで、人を大切にする経営の企業文化が継続的に開花し続けられる評価制度はいかにあるべきかを考えました。

　すぐにキーファクターは、「人間力」であるということは着想しました。そして、同社の人事部メンバーと、世間にはない新しいタイプの人事考課制度構築への模索の日々が始まりました。

人間力を重視した人事評価制度が注目されてくる

　トヨタが打ち出したことで、今後、多くの会社で「人間力」重視という同様のコンセプトをもった人事評価制度のあり方が注目されてくるだろうとも感じています。

　指導先では、現在もなお試行錯誤しながら、評価制度の整備をしているところで、まだ完成には至っていません。

　しかし、これまでの取組みでも、参考にしていただける点は多々あるのではないかと自負しています。

　したがって、できる限り、どのようなしくみをつくってきているか、本章で取り上げてみたいと思います。

【人間力重視型人事考課制度へのこだわり】

　できあがった制度は、類型的には「職能等級制度」と呼ばれるタイプで、見た目にはよくある評価のしくみに映るかもしれません。

　しかし、人事考課制度は運用がすべてです。そこで、ここにこだ

わりました。

 ## こだわり①：考課者を誰にするか

　評価基準は、大きく「業績評価」と「情意評価」に分けました。

　業績評価と称していますが、成果に加え、いわゆる能力面の技術力（専門性）、仕事力（知識・技能）の能力評価も含んだ考課項目として設定しました。考課期間である半期ごとの期末に、自己評価を実施し、そして、上司が一次考課者となります。

　情意評価では、すでにこの企業の職場に定着しているクレド（信条や行動指針）をアレンジした形で考課項目化しました。人間力（仕事に対する積極性や成長意欲、チームワークやクレドの実践度）が考課対象となります。

　考課者は、評価時ごとにランダムに選出されるほかの社員8名による多面評価のしくみを採用しました。

　このしくみについて、社員の皆さんには、「業績（および能力）面は上司による評価、情意面は職場の仲間による評価を採用しています。人間力は他の多くの人がどう感じるかが重要と考えて、このような設計としています」と説明しました。

【人間力が高くないと考課者になれないしくみ】

　この情意考課の結果は、さらに考課者の昇格要件に連動するしくみを組み込んでいます。つまり、一定期間において情意考課の結果が、一定以上の成績を収めていないと、考課者になることはできないという要件を設定しているのです。

　いくら仕事ができても、独善タイプの人間が人事考課権まで行使できるように権限が増大してしまったら、社風に影響が及ぶことは必至です。

　人本経営は、何といっても制度より風土を重要視することが鉄則ですから、これを担保できることを意図したわけです。

こだわり②：正しさでなく納得さに最大限の重きを置く

　「日本でいちばん大切にしたい会社」大賞を受賞し、「いい会社」と社会的に認められている神奈川県のアクロクエストテクノロジー株式会社のベンチマークでは、大変に貴重な学びをさせていただきました。

　それは、同社では人事評価に徹底的にこだわった25年の歴史があり、行き着いた結論は「**正しい評価制度は存在しない**」ということだったと回想されていることです。正しさよりも納得のいく評価が大事であって、それを実現していくことが成功する人事考課制度のあり方だと明言されています。

【100％正しい評価制度は存在しない、という前提】

　たしかにそのとおりで、人が人を査定している限り、100％正しい評価制度はこの世に存在しないということには共感します。

　それだからこそ、多くの会社で人事評価制度を導入しても、うまく機能しないことが横行してしまうのだと考えられます。

　今回の人事考課制度の導入支援にあたっては、このアクロクエストさんの学びを大いに活かそうと心しました。

【評価ではなく考課を】

　できあがった制度では、半期ごとに、考課者である上司とメンバーによる面談を行ない、今期の評価結果についての確認と次期の目標設定を行なっていきます。

　この進め方はよくある設定ですが、人が人を査定している限り、100％正しい評価制度はこの世に存在しないという前提に立って、考課者には、評定を下す役割にとどまらず、被考課者が文字どおり課題解決をどのようにしていけばよいか、ともに考えて、メンバーが成長をしていけるように支援していくことが重要な役割になる、と教育を徹底していきました。

【コンセプトの開示】

　さらに、新しい人事考課制度のコンセプトとして以下の事項を掲げ、全社員に開示しました。

- ●正しい評価をすることは、人が人を査定している以上、完璧ではないこと
- ●大切なことは納得できるかどうかにあること
- ●そこで、期末ごとに、全社員に対して無記名による「納得度アンケート」を行なうこと
- ●その結果を踏まえて、人事考課制度の問題点の洗い出しと改善策、改革案を検討し実施していくこと

 ## こだわり③：制度の運用の効果を再認識

　このように会社は、時間の経過とともに、社員の平均納得度が高まっていくように運用して、人事考課制度を機能させていきたいと考えていることを全員の共通認識としました。

　さらに、人事考課制度の導入、実施にあたっては、再度、当社の社員として理解してほしいこととして以下のことを強調して伝えました。

大事にしたいあり方…人事考課制度を運用していく際には、次の効果がはかられることを常に意識する

1．エンゲージメント度合いが高まること
2．支援型リーダーシップが醸成されること
3．承認欲求が満たされ、社員が成長していけること
4．あらゆるステークホルダーと関係の質がよくなっていくこと

【制度の浸透とともに人本経営の色を濃くしていく】

　これらの事項は、本書でたびたび取り上げてきた人本経営を学び、実践していれば、大事にしていきたい経営人事上のあり方にほかなりません。

　そこで、人事考課制度導入に際して、再度、全員に対してメッセージを発信し、確認してもらったわけです。

【人事部のメンバーが前面に立つ】

　当方は、なんとかこの会社の人本経営が、より輝きを増すように、尽力とフォローをしていきましたが、いわゆるコンサルタントといった形で前に出ていくことは極力控えました。

　お膳立てをするのは、社員である社内の人事部署のメンバーにお願いし、彼らに矢面に立ってもらいました。

　自分たちの手でつくった人事考課制度という意識を社員全員に持ってほしかったし、それであればこそ機能すると信じたからです。

　コロナ禍のなかでのプロジェクトでしたから、毎月のミーティングはZoomオンラインで回数を重ねました。

　資料のやり取りなど、なかなか苦労した面はありましたが、参加メンバーのモチベーションは高く、これまで培ってきた人を大切にする企業風土をつないでいくのだという高い意識で仕事にあたってくれました。

　本当によくやってくれたと感謝しています。

　うれしかったのは、前年度の優秀社員の社長賞として、この人事部メンバーの1人が選出されたことです。裏方に光を当ててくれたわけです。

 ## 考課制度の運用が始まると

　導入時の制度説明に際しては、期初に目標を立てるとき、期末に振り返るとき、評価をするとき、面談するときなど、「これはどうとらえたらいいのか」と解釈や認識する場面では必ず、前述の「大

事にしたいあり方」に戻ることを胸に刻んでほしいと入魂しました。

　考課者が、被考課者に対して、ある点についての能力不足を伝え、これを改善目標にしていこうというときに、たとえば、エンゲージメント1「私は仕事のうえで、自分が何を期待されているかがわかっている」（136ページ参照）をふまえて、「来期は、オンラインでの市場開拓で成果を出すことをチームの達成目標にしている。ついては、○○さんにはネット集客のノウハウの蓄積収集してもらうことを期待したい。必要なサポートは惜しまないので、ぜひそれをテーマにした個人の目標も立ててほしい」といった具合です。

　あるいは、リーダーとして、「来期は支援型リーダーシップをメンバー全員が意識し発揮できるように、月に2回、2時間ずつオフサイトミーティングの開催を計画し、対話の時間を増やすことを実現し、メンバーの傾聴力を高めていくことを図っていきたい。その成果物として、チームの期末の『納得度アンケート』で前期を5ポイント上回る結果を出すことを目標とする」といった形です。

　こうして、人事考課制度が機能すればするほど、人本経営が確固たる姿になっていくように大いに期待をして、新しい人事考課制度の運用が始まりました。

　新評価制度の導入には、不安感がつきまとうものですが、むしろ今回は期待感がもてました。

【その後の状況】

　その後、全社員に参加してもらい、新人事考課制度についての勉強会を開催しました。

　新しい評価制度は、人を大切にする人本経営の「あり方」をさらに確実に体現できるように導入されるものであることを再度強調しました。

　そして、導入6か月後に新制度による1回目の評価を実施しました。それに先だって考課者には、ふたたび集合してもらい、考課者

トレーニングを実施しました。

　ここでも査定のための評価ではなく、メンバーとのエンゲージメントを高めること、メンバーの幸福度を増進させる承認欲求を満たすこと、そしてこの人事考課制度の運用によって会社をとりまくステークホルダーとの関係の質が高くなるように支援型リーダーとしての役割を果たしてほしいと繰り返し伝え、ぜひ、皆さんの力で、さらに「いい会社」にしていこうと檄を飛ばしました。

【その結果、どうなったか】

　正しさより、納得感を重視していくというコンセプトを掲げていましたから、第1回目の評価結果について上司がメンバーへフィードバックを終えたところで、全員に対して匿名で「納得度アンケート」を実施しました。

　「上司（他者）からの考課判定に納得できたか」「上司からの考課結果の説明に納得できたか」「自分がこれからどうやっていったらいいか具体的にわかったか」「フィードバック面談を受けることによって仕事に対するやりがいが向上したか」など16項目について尋ねました。

【納得度100％を達成】

　アンケートの結果は、なんと全社員から納得できたという回答を得ることができ、納得度は100％を達成しました。70％で合格と事前に思っていましたから、なんとも上々の滑り出しです。

　多くの被考課者からは、次のようなコメントが寄せられました。

　「今後の目標が明らかになった」

　「自分の強み、これからすべきことを教えていただけました」

　「いいところを紙に書いて渡していただき、とても感謝です。迷ったりしたら、読み返して努力に励みます。感謝です！　ありがとうございます。お客様のために行動していきます」

　「今回が一番よかったなって思えた面談でした」

「自分の動き方について少しだけ、悩んでいたことがあったのですが、背中を押してくれて気持ちが楽になるのを感じました」

なるほど、納得度が高いことがうなずけるというものばかりでした。メンバーに対して考課者たる人たちが、支援型リーダーとして本当に真摯に向き合って仕事をしてくれたからこその成果でした。

人本経営の実現を促進させる人事考課制度の誕生へ

今回の新人事考課制度導入を通じて、改めて思うのです。

人事考課制度は、査定評価のためではなく、会社を構成するメンバーの人間的成長、幸福度の増進、そして成長した社員が顧客満足度を高める行動を、自発的に実践していくための教育システムだと。

もちろん、今後の課題も見つかりました。不慣れな多面評価について寄せられた疑問が少なくなかったことや、考課項目に対する見直しの意見、また評点基準段階は現状のままでいいのか、といった声が寄せられたからです。

しかし、それは、さらにこの会社をよくしていくための財産と考えています。

人本主義型人事考課制度の構築への挑戦

　伊那食品工業や未来工業といった人を大切にする「いい会社」のレジェンド企業では、こだわった評価制度を実施しているわけではありません。前述したように、いまなお、頑として年功序列の終身雇用を続けています。

年功序列が悪いわけではない

　世間の企業では、年功序列の終身雇用を否定し、成果主義の色濃い評価制度を導入していくケースが散見されますが、それが抜群に効果的であったという事例を筆者はみたことがありません。

　むしろ、考課者に人事権が偏り過ぎて、不平不満、不信の温床になっているケースも少なくありません。

　このことが意味するところは、年功序列の終身雇用が悪玉ではないということに他なりません。

　年輪経営で健全・健康な経営体をつくり、結果として利益を出し続ける循環が実現できていれば、人事考課制度としては、年功序列をベースにしていくことがふさわしいのです。

　それを維持できなくなった赤字企業が増え始めて、その原因を年功序列にすり替えているだけなのです。

「人間力」基軸の新しい評価制度導入へのチャレンジ

　そのことについて、件の経営者にも伝え、ふまえていただいたうえで、後継者が行き詰まらないような人事考課制度をつくりあげていきたいということになりました。

　思案を重ね、熟慮した結果、「人間力」を基軸にした考課制度であれば、人本経営をより磨き上げることができるのではないかと提

案し、実施してきたことはすでに紹介したとおりです。

【人間力とは何か】

ところで、この「人間力」という概念は、どうとらえておけばよいのでしょうか。

筆者は、人を大切にする人本経営を実践しようとしている多くの企業現場を訪れてきました。

そこでは、この人間力という概念を意識して、より「いい会社」をつくるための経営に役立てようとしているケースは、ほとんどすべてといっても過言ではありません。

直接、人間力という言葉を用いていなくても、人柄、徳、利他、人に優しく、感謝、恩、縁など、突き詰めれば人間力に司られた事柄を大切にしていて、その結果として、幸せを実感する職場になっていると気づかされるのです。

「人間力」と区別して、「技術力」「仕事力」を掲げ、この３つの能力を高めていくことが、自社の人材育成の方針であると明示している会社もありました。

高い人間力のうえに、技術力、仕事力を磨いていくと、スタンスは明確です。ありていにいえば、いかに腕がよくても、頭がよくても、挨拶もろくにできない人間は自社の社員ではないというわけです。

【内閣府が示した「人間力」の定義とは】

人間力については、内閣府でも研究会を立ち上げていて、知的能力的要素、社会・対人関係力的要素、自己制御的要素などを構成要素として、これらを総合的にバランスよく高めることが、人間力を高めることといえると説明しています。

つまり、学び続け、人と社会に優しくできて、健全・健康な習慣を身につけていると人間力が高いということでしょうか。

【人間力の"実務的"定義】

　内閣府の定義ももっともですが、経営人事マネジメントを考えるうえで、実務的にこの定義にアプローチしてみます。

　「あの人は人間力が優れている」といったらどんな人を思い浮かべるでしょうか。

思いやりがある／気配りに優れている／自発的に行動している／大きな課題にも果断にチャレンジしている／本気で生きている／常に学んでいる／人脈が広い／人柄がいい／損得で生きていない／穏やか／影響力がある／信頼感がある／頼りがいがある／向上心がある（現状に満足せず、よりよくすることを心がけている）／コミュニケーションが優れている（ほめ上手、聞き上手、叱り上手）／人間性がいい（感謝の心や謙虚な姿勢を感じる）／自分に厳しい

　筆者が思いつくところをあげたら、上記のような事柄が浮かびました。これを定義化してみたところ、次のようにまとめることができました。

人間力の定義

- 世のため人のために自らの命を生かそうと行動する能力
- あるべき姿に近づくために課題形成する能力
- 課題解決のために、自発的に学び、考え、行動し、よりよく問題を解決する能力
- 豊かな人間性を発揮できる能力
- 心身の健康を維持する習慣を実践できる意思能力

　このような能力を総合化したものを人間力といい、こうした能力がバランスよく備わっていると、人間力が高いということがいえる

のではないでしょうか。

 ## 人間力がもたらすもの

ところで、人間力には「力」とついていますが、物理学では、「力」とは、「状態を変化させる原因となる作用」と説明されています。

では人間力は、どのような作用があるのでしょうか。

これについては、「自分を取り巻く周辺の人との関係の質の状態を変化させる作用」とすると、明快に解釈できそうです。

自己中心的、ひがみっぽい、すぐに声を荒げるといった人間力が低い人が行なう行動は、まわりの人たちとの関係性は推して知るべしで、けっして良好にはなっていないでしょう。

一方、思いやりがある、聴く耳をもっている、笑顔で接しているといった高い人間力のある人の行動は、時に相手を勇気づけ、前向きにさせることでしょう。

 ## 重要性を帯びる人間力を重視した人事マネジメント

人間力を高めていくと、関係の質をより上質にさせていく作用があるという重要な結論に結びついていきます。

本書でこれまでみてきたように、「関係の質」は、思考、行動の質に影響を与え、結果の質そのものに直接影響を与えます。

ここに、人間力を重視した人事マネジメントの大いなる意義が見い出せるのです。

たとえば、採用面において、能力よりも人柄を重視するという採用方針であると、人間力が高い人材が増えていく結果をもたらします。

また、すでに考察したように、教育面で、人間力の涵養を重視していくと、職場での関係の質を向上させることに長けた人づくりが実現し、絆感のある組織やお互いを思いやる風土を醸成していく結果をもたらします。

人間力を重視した評価制度に注目が集まる

　そして、評価面において、人間力の高さを基準にしていくことで、人格識見を磨こうとする社員が増えていくことや、昇格に一定の人間力の基準を設定することで、良識ある人事考課者の選定ができるといった、バランスのよい社内人事体制を実現する結果ももたらしてくれる効果が期待できます。

　人事評価制度として、人間力を評価項目としたり、あるいは重要な人事施策の判断軸として用いられているケースは、まだそう多くはありません。

　しかし、トヨタがこれに取り組むとしたように、今後、多くの企業でも、人間力を評価制度にリンクしていくことは注目されてくることになるだろうと予測されます。

 ## 情意評価の工夫がテーマ

　「業績評価」「能力評価」「情意評価」という３つの指標から、人事評価制度を構成していくことが一般的です。

　業績は技術力、能力は仕事力の現われと、見てとることができるでしょう。

　このバランスをとるためにどこにウェイトづけしていくかで、その人事制度はタイプ分けされてきます。

　業績面にウェイトをおくと成果主義となりますし、能力面だと能力主義といわれるようになるでしょう。

　情意面に重きをおくということは、これまではあまりみられる形態ではありませんでした。

　情意評価の場合、勤怠の優劣、規律性や協調性といった勤務態度などが評価の対象です。いってみれば、刺身のつま的な扱いといって差し支えないかもしれません。

人間力の評価対象として情意考課がフォーカスされる

　ほとんど類型としてみることはなかった情意考課にウェイトをおく制度については、今後、情意は人間力の発揮度という評価対象として、一段とフォーカスされてくる可能性が高いと筆者は考えています。

　技術力も仕事力も大切ですが、土台となる人間力があってこそ、それらが活かされる、と「人本経営」では強く意識します。

　人を中心にとらえ、幸福を増大していくことを目的とした経営理念を展開していくことになると、社員１人ひとりの人間性を成長させていく人材育成の要は、人間力の向上にほかならないからです。

　業績や能力面では、上司が部下に対する垂直方向で育成成果を期待することができます。一方、人間力は、多面的な関わりがあって個々の社員のそれが磨かれます。したがって、それに応じたしくみが必要になってくるのです。

 人間力重視の評価制度は教育制度にもなる

　人間力を重視する評価制度は、単なる評価制度という意味合いにとどまらず、リーダーの人間力を高めることにもなる教育制度的な面も同時に併せもつようになってくるでしょう。

　自社にとって、人間力が高いとはどういう状態なのか、その人材プロファイルを描き出し、現状の社員の人間力の発揮度と照らし合わせていくことで、今後のあるべき人づくりの課題や方向性が見えてくるはずです。ステークホルダーとの関係性をよりよくしていき、関わる人々がハッピーになっていきます。そして、永続のための業績が後からついてきます。

　人事部門のリーダーとしては、いまこそチャレンジしたいテーマといえるのではないでしょうか。

7-4

人間力をどう評価するか

成果主義、能力主義を超える人本主義の人事制度確立へ

　人間力重視の評価制度には、大いに可能性を感じています。とはいえ、「人間力をどう評価していけばよいのか」という問題が起きてくることは必至でしょう。

　これについては、明確な答えをもちました。

　人本経営では、人を大切にする経営理念を掲げ、それを実現していくための日々の価値判断としての行動基準、信条などが、いわゆるクレドといった形で言語化され、全社員の共通認識となっています。ということは、クレドに沿った行動ができている人は、人を大切にする経営を形づくるための貢献性に優れ、よって人間力が高いという判断ができます。そこで、**情意考課にクレドを活用**していくことにしたのです。

　指導先では、人間力を重視した人事評価制度を導入して2年が経とうとしています。その結果はきわめて良好で、それまでの人事評価制度よりも確実に社員の幸福度増進に貢献できていると自信を持ち始めています。指導先での取組みが制度として確立できたときに、わが国では初めて、人本経営をよりよく実現していくための人事考課制度が誕生することを意味しています。

　人事考課制度の変更は、組織文化を変更することではなく、よりよく浸透・定着させるためにあるということを確信しました。

　人間力重視、これを「**人本主義**」と命名し、成果主義、能力主義を凌駕する人本主義考課制度として世に普及していきたいという思いがいま、芽生え始めています。

　人本経営伝道者としてのやりがいを、とても感じているのです。

終 章

人的資本経営と人本経営は
ここが違う！

「人本」経営か「人的資本」経営か

　「人本経営」と似た表現の言葉に「人的資本経営」があり、最近、注目されてきています。終章として、このことに言及し、本書を締めくくりたいと思います。

　岸田首相の肝いり政策である「新しい資本主義実現会議」で人的資本への投資の強化を打ち出し、経産省でも人的資本経営に関する調査を行なっています。

　「人本経営」は、業績軸から幸せ軸へのパラダイムシフトの重要性を社会へ投げかけています。

　同様に「人的資本経営」は、金融資本主義偏重から人的資本主義重視へというメッセージ性を強く感じます。

　人を大切にする人本経営の重要性を訴えてきた立場としては、ようやく社会が追いついてきたかという感覚です。

　しかしながら、「人本」ではなく「人的資本」という表現には、ぬぐい切れない違和感と不信感を強く感じています。

人的資本経営とは

　経産省では、人的資本経営とは、「人材を『資本』としてとらえ、その価値を最大限に引き出すことで、中長期的な企業価値向上につなげる経営のあり方である」と明確に定義しています。

　「人的資本」というワードがここまで注目視されるようになったのは、2020年8月に、米国証券取引委員会（SEC）が、上場企業に対して「人的資本の情報開示」を義務づけると発表したことが端緒とみられます。

　これにより、人的資本経営の流れは加速してきました。

人的資本の国際基準ISO30414の誕生

　SECの発表を遡る2018年12月に、国際標準化機構（ISO）は、人的資本つまり企業における人事・組織・労務に関する情報を開示

するためのガイドラインとして、「ISO30414」を公開しています。

　その後、この規格が情報開示の国際基準として世界の潮流になってきたというのが現況です。日本では、東京証券取引所が2021年6月に、人的資本に関する情報開示という項目を追加しています。

　「人的資本を開示せよ」という要求をしてきたのは、機関投資家であり、適切に人に対する投資をしている企業のほうが持続可能性が高いと判断できるので、投資の判断材料として情報提供を求め、それに株式市場が呼応したという筋立てです。

人的資本経営はファイナンスの問題

　つまり人的資本経営は、ファイナンスの問題であって、あくまでも視点は、投資家の目線にあるのです。そして、基本的に上場企業の経営課題としてクローズアップされています。

　人的資本経営をめぐる議論をみていて、「人」に着目するのはいいのですが、何のためと問うたときに、そこで働く人々の幸福度を高めていくことが第一ではなく、投資家に持続可能性の高い企業の選択眼を肥やすためにということが第一に展開されています。

　それが目的であり、すなわち会社が事業のための資金を調達・運用するファイナンスの議論として、人的資本に焦点があたってきたからです。

　「人本経営」は、すべてのステークホルダーの福徳円満を実現し、結果として永続する幸せ軸の経営のあり方です。

　これに対して「人的資本経営」は、持続可能性を高くして、企業価値を最大化する業績軸のファイナンスのあり方である、とその違いを認識することができます。

人を大切にする経営の威力を無視できなくなった投資家

　なぜ、近年、投資家が人的資本に注目してきたのでしょう。

　日本では、伊那食品工業をデファクトスタンダードとして、その経営目的を関わる人の幸せの追求におき、結果として永く好業績を

実現している「いい会社」が存在しています。

　全体の企業数からみれば依然少数派ですが、年々増え続け、各業界で快進撃を続けている企業は、この「いい会社」のタイプが多いことが確認できます。

【トヨタにまで影響が及んだ人を大切にする経営】

　人を大切にする経営の研究は、人を大切にする経営学会会長の坂本光司教授の多大な功績により世に知られ、「人本経営」というたしかな経営のあり方として確立されてきました。

　その影響は、日本一の企業であるトヨタ自動車の豊田章男社長をして「伊那食品工業が教科書」と言わしめるまでに及んでいます。

【そして米国においても】

　米国でも、ジョンソンアンドジョンソン、サウスウエスト航空、リッツカールトン、ザッポスなど、人本経営の特長と符合する経営を体現して存在感を示している企業群があります。

　こうした現象は、もはや投資家が無視できない現実となり、「人的資本」の情報開示を株式市場に要求する原動力になっていたのだと推察します。

　迷いなく幸せ軸で結果を出し続けてきた偉大な人本経営者の力が世の中を変えたのだと思います。

　それは、まことにけっこうなことなのですが、ここで大いなる疑問が生じてしまいます。

「人材」は資本なのか

　人件費をコストとみないで、投資として考えるという点はよしとして、はたして、人材は資本なのでしょうか？

　そもそも企業価値とは何なのでしょうか？

　改めて経済用語事典をひも解くと、資本とは、「土地、労働と並んで生産三要素の１つで、新たな生産のために投入される過去の生

産活動により生み出された生産物のストックのこと。建物や設備といった物的資本や労働者の健康状態のような人的資本も含まれる」と定義されています。

そして、企業価値とは、「その企業全体の価値のことである。企業の事業活動からもたらされる事業価値に、投資有価証券や遊休資産などの非事業用資産の価値を含めた価値をいう。ファイナンスの目的は、企業価値を最大化することである」と説明されています。

経営の三要素といわれる「ヒト・モノ・カネ」。これまでは、モノ・カネの有形資産の状況は、貸借対照表（B／S）や損益計算書（P／L）などで企業側から情報公開され、投資先の判断基準として用いられてきました。

これからの時代は、それだけではなく、人材育成や組織開発といった人材マネジメント面でどう取り組み、投資しているかが重要になってきているということで、人的資本がクローズアップされてきたのです。

しかし、資本、ストックと位置づけている以上、ヒト・モノ・カネは同列です。そして、人的資本経営の主張は、これからはモノ・カネ（有形資産）だけでなく、ヒト（無形資産）にも効果的な投資をして、企業価値の最大化をめざせということかと認識できます。

人を資本ととらえない人本経営

前述の坂本光司教授は、その著書『人を大切にする経営学講義』（PHP研究所刊）において、「人を企業の最大の資本、経営資源ととらえ、その生産性を高める経営を人本経営と論じている関係者もいるが、筆者の提唱する人を大切にする経営学はそうした経営学とは大きく異なる」と喝破されています。

その弟子として筆者が本書で提唱し、社労士という実務の世界で企業に実践を推奨してきた「人本経営」も、もちろん経営の三要素といわれているヒト・モノ・カネを同列では考えません。

前述したように、その目的は、企業経営にかかわる人が幸せにな

っていくことにおかれ、モノ、カネは、その目的実現のための手段や道具と評価・位置づけています。

人本経営の「本」の意味

「人本経営」の「本」は、「資本」の「本」ではありません。人材を、利益を生む資本とは考えていません。

人が「本＝センター、中心、本位」なのだという考えです。

人（利害関係者）との関係の質を、こよなくよくしていくことをめざします。

人との関係の質のよさは、なんといっても「幸せ」の増進に尽きます。

そして、そのことを実現していけば、利益は結果としてついてきます。

そのことに疑いがなくなったので、投資家も人的資本経営だと騒ぎ始めたのでしょう。

上場企業は変われるか

業績軸から幸せ軸への時代の変革が、いままさにターニングポイントを迎えようとしています。

問題はここからです。

現段階では、ファイナンスとしての「人的資本経営」ですから、業績軸での議論であるということはすでに指摘したとおりです。

そして、少なくとも上場企業は、今後、「人的資本」に対して向き合っていくことが必須になってきたことは確実です。

ここで経営陣が、どう向き合っていくかが分かれ目になります。

あくまでも投資家の目をうかがうのか、それとも抜本的な経営のあり方として人を大切にする経営の実現へカジを切れるのか、まさに正念場といえるのではないでしょうか。

いまこそ、業績軸から幸せ軸へ

　人的資本の開示基準とされたISO30414には、組織風土やエンゲージメントといった、人本経営でも重視する項目が指標として含まれています。

　したがって、きっかけはなんであれ、その取組みにより、業績軸よりも幸せ軸の企業文化が醸成され、結果として、人を大切にする経営が世に広まっていくのならば大歓迎です。

【利益優先では長く続かない】

　ただし、もし企業が投資誘発のために人的資本経営を進めていくということなら、全ステークホルダーの福徳円満という人本経営がめざす、あるべき姿とはかけ離れていくということが容易に想像できます。

　利益優先になれば、人々の幸福は後回しにされていくことになることが目に見えるからです。

　目的は何か、しっかりと見失わないでいたいものです。

惑わされず人本経営の道を進む

　政財界が「人的資本」に刮目し始めたので、目ざといシンクタンクやコンサルティング会社は、次々に人的資本に関する経営革新の手法やメソッドをいかにも真新しくみせた商品開発を行ない、提供し始めています。

　それが幸せ軸へ向かうのなら、OKとしましょう。

　しかし、「○○戦略」とか「○○ストラテジー」とかいっている段階で、業績軸なのです。なぜかといえば、人本経営は敵をつくらないので戦わないからです。

人的資本経営に潜む陥穽

　巧みなコンサルタントの口車に乗せられて、変な制度やしくみを

導入し、ステークホルダーと戦いが起きるようになっては、結局、みんながハッピーになり、企業が永続していくような「いい会社」へと変わることができない陥穽が潜んでいるのです。

【ぜひリードオフしてほしい】

　ご縁があって、本書を手に取り、ここまで読了をされてきた皆さまへ、心からお願いをします。

　自社や関係先で、「人的資本経営」についての経営革新テーマが課題や議題になっているのでしたら、ぜひその目的を、すべてのステークホルダーを幸せに導く福徳円満の実現におくよう意見具申をして、リードオフしていってほしいのです。

　組織風土を業績軸から幸せ軸へと変革するチャレンジの機会としてとらえ、人を大切にする人本経営を根づかせる方向へ、どうか働きかけを行なってください。

　最後に、筆者からの切なるお願いをさせていただいて、筆をおきたいと思います。ご精読、まことにありがとうございました。

事 例 編

<執筆：人本社労士の会>

実際に、企業や組織で取組み効果のあったパワハラ対策や人本経営の実践による風土改革の事例を紹介します。この事例編では、人を大切にする人本経営のノウハウを研鑽している「人本社労士の会」に所属する全国のメンバーが執筆を担当しました。執筆担当者の記名がないものは、小林秀司が担当しています。

社長が理念の上にいるのか、下にいるのか

◎快進撃を続ける介護事業の会社

「介護事業で快進撃をしているすごい会社がある。経営に対する取組みは、先生がいう『人本経営』そのものと思う。ぜひ行ったほうがいい」

ある経営者からそう勧められて、神奈川県小田原市にある株式会社エイチ・エス・エーで代表をされている田中勉社長にお会いしに行きました。

同社は、平成11年（1999年）に株式会社として設立して以来、一度の赤字を出すことなく増収を続けていて、売上高経常利益率も10％超という堂々たる結果を達成、とまさしく快進撃カンパニーでした。

訪問介護、高齢者デイサービス、有料老人ホーム、介護タクシー、障がい者児童デイサービス、訪問看護などを手がけている事業は、かなり手広くなっています。

1つひとつの事業を軌道に乗せてきており、失敗し撤退した事業は1つもないという、その秘訣を田中社長は、徹底した話し合い、合意形成による成果だと明かしてくれました。

同社では、価値観の違う人を否定するのではなく、納得がいくまで話し合い、物事が決定されていきます。それが、経営理念なのです。

◎理念ありきで社長も社員と同じ立場で物事を判断していく

人を大切にする経営理念を定め、その目的実現のために一丸となっていくことが人本経営の根幹です。

その際に、経営者の立ち位置はどこにあるのか。

田中社長の次の言葉は重く響きました。

「社長が理念の上にいるのか、下にいるのか、これは決定的に重要である」

全員納得の合意形成で物事を決定していくことを、同社の理念にすえましたから、たとえば、新規事業等の重要な経営決定に関しても、経営者である田中社長には決定権が1票しかありません。

全員が賛同し、合意が形成されない限り、GOとはならないのです。1人でも反対があれば、先に進まないのです。

田中社長からすると、その新規事業を軌道に乗せるための効率的で最短で達成できるプランがすぐに浮かびます。しかし、まわりのメンバーがそれではついていけないと意見が出ます。

ここで、トップダウンで権限を行使するのは簡単なことですが、田中社長は「ではどうしたらいいか」と意見を求め、皆が納得できる道筋を探っていきます。

トップが理念の真下にいて、率先垂範をしているというわけです。

そうした田中社長の行動は、メンバーにうそ偽りのない会社だと安心感を与え、もっとよくしていくために、さまざまな意見交換が行なわれます。

濃厚な対話を行なったうえで、アイデアがまとまり、事業計画となっていきます。

田中社長からすると、それはスローな気がしますが、全員がそれでいこうとなっていたので、本人も納得です。

そうしてスタートさせた新規事業がすべて成功し、結果として冒頭の業績が同社にもたらされているのです。

「意見はぶつかり合う。だからこそ、お互いの立場や考え方を尊重し、理解し合おうと、一方で相手を思いやりながら、時間をかけて自分たちで一致点を見出していく。そういう経験が、人間としての成長につながる」

この社長の言葉からも、この会社が快進撃している、その理由がよくわかった気がしました。

理念経営で社風をよくするベースをつくる

◎社長が代替わりして経営理念を明文化

　株式会社アイエスイーの高橋社長とお会いしたのは、先代社長から代替わりをされて間もない頃でした。もともとは、今後の採用をどうしていくかという相談を受けて面談したのですが、小手先の対策ではなく、根本的な対策が必要だという判断になり、このタイミングで経営理念を明文化することになったのです。

　先代社長の時代は、社員数もまだ少なく、隅々まで社長の目が行き届いているという実感があったらしいのですが、その当時は、もう20名にも迫る社員数になり、ちょうど全体の意思統一や各部署の連携強化も必要な時期だと感じておられたところでした。

◎思いをひとつに、経営理念に込める

　高橋社長の頭のなかには、経営理念のもとになるいろいろな思いがありました。その思いや信条、大切な価値観などを、私が第三者の立場からヒアリングさせていただき、可視化していきました。そして、大切な思いは研ぎ澄まされていき、経営理念が完成したのです。

> ### 株式会社アイエスイー　経営理念
>
> うみだす・つくる・うる・つきそう
> そのすべてがつながり
> 「だったらいいな」をカタチにする

　その後、経営理念は組織に好影響を及ぼし始めました。
　たとえば、関係者にお披露目する新商品の発表会が行なわれたときのことです。

　それまでは、資料の作成から会場の準備に至るまで、すべて高橋社長ひとりがやっていたのですが、この発表会では、ほぼ社員だけで取り仕切ってくれたのです。

　最初に概略の方針などを指示しただけで、期中は、社長から細部については一切口出ししなくても、見事にやりきってくれたのでした。

　社長の意思を示し、それに呼応するように、各担当者が自主的に判断し、担当者同士で連携し、ひとつのものを完成させていく。

　この発表会の事例は、どこの会社にもいえる、経営理念が理解・共感され、浸透していく過程ではないでしょうか。

　伊那食品工業株式会社の塚越寛さんの言葉をお借りすれば、経営理念とは、「山にたとえれば、『あそこへ登ろう』という明確な一点。根底の理念は同じで、手法は個性的であれ、ということ。頂上へ向かうときの服装や歩き方、ルートはさまざまあっていい」というものです。

　この言葉のとおり、経営理念があることが前提ですが、理念があるだけでは意味をなさず、それが理解・共感され、自主性のもと、社員１人ひとりの日々の行動に表われているかどうかが大切です。

◎根本解決に目を向ける

　パワハラが起きてしまう環境についても、事務的に制度やルールでなんとかしようとしてもダメです。

　もっと根本的な部分の解決をはかる必要があります。その根本的な部分とは、組織風土であり、源は経営理念です。

　会社も、社員も、みんなが同じ方向を向いている、幸せな組織風土であれば、パワハラ問題なんて起きないはずです。

（執筆：人本社労士の会・三重／加藤大吾）

求人広告を幸せ軸に刷新し人手不足の解消に成功

◎いい人を採用して好循環をつくる

　業績はよくても、なかなか人が採用できず、1人ひとりの仕事量が増えていくと、上司は部下に対するケアに割く時間がなくなります。また、ちょっとしたミスに対しても寛容さがなくなり、あたりがきつくなっていきます。人手不足の状態をつくってしまうと、どうしてもパワハラの温床になってしまいがちです。

　大阪にあるヒグチ鋼管株式会社も、そうしたジレンマに陥っていました。なんとか企業風土、文化をよくしていきたいと、樋口浩邦社長は、右腕の幹部とともに、人を大切にする人本経営を学んでいきました。

　「人本経営を志したときに、いち早く効果が出るのは採用の場面です」という教えをすぐさま取り入れ、求人広告を全面刷新しました。

◎「幸せ軸」で埋め尽くされた求人広告

　同社のマイナビのページは、「幸せ軸のヒグチ鋼管へようこそ」「人本経営」「社員の幸せ」といった言葉で埋め尽くされました。そして、「こういう社風づくりをめざしているわが社に共感される方 大募集」とメッセージしました（次ページ上図参照）。

　案の定、この求人広告は効果てきめんで、それまでにはなかった数の応募があり、そして価値観の合う人材を呼び寄せ、一気に10名もの採用を実現させたのです。

◎ビフォーアフター…人のことで困らなくなった

　これで積年の人手不足状態は解消され、労働時間も適正な水準へと改善されていきました。徐々に社員同士が助け合う関係性も出て

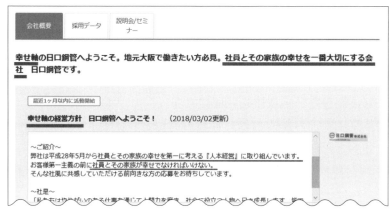

くるようになっていきました。

　採用した10人のうちの１人であるＹさんは、この求人広告に明確に惹かれたといい、入社してみて転職前の会社のような窮屈さがなく、生き生きと楽しくなったと笑顔で語っています。

　採用できたとしても、広告で示したような職場でなければ、定着するのが難しいことは自明です。

　同社は現在進行形ではあるものの、人を大切にする経営を実践することにぶれていませんでしたから、Ｙさんは、「会社としてできていないこともあるけど、むしろできていないことがたくさんあるから使命を感じる」と前向きです。

　Ｙさん自身も人本経営を学び、「上司、社長に対する関わり方が変わった。社長との距離が近づいてきている。自分は経営者ではないけれど、自分の影響が及ぶ範囲でアクションできている。社長からも声掛けがあったり、信頼を置いてもらえていると感じる」と手応えを感じています。

　現在、Ｙさんは同社の採用担当になり、何名もの新卒採用を実現し、会社へ多大な貢献をしています。「経営者でなくても、会社をよくしていくことはできる。さらに人本経営を理解して行動していきたい」と力強くメッセージを発してくれました。

期待人材像の作成研修を実施

◎一緒に働きたい職員像を明確にする

　福祉業界では、慢性的に人手が不足しています。さらに、許認可事業であるため、介護福祉士などの資格者を配置する必要があるので、事業者は人の問題で大変に苦労しています。有資格者からの応募があれば、即採用となるケースも少なくありません。

　法人の考え方や価値観に合っていればよいのですが、往々にしてまわりの職員とうまくいかず、早期に離職してしまうケースが増えます。また、誤って責任者クラスにパワハラ人材を採用してしまうと、組織がガタガタに崩れてしまうことがあります。

　このようなことを繰り返すと、現場はどんどん疲弊し、負のスパイラルに陥ってしまいます。

◎社会福祉法人における指導事例

　そこで、当方が指導する兵庫県尼崎市にある障害福祉事業を主に展開する社会福祉法人輝福祉会では、そもそもどんな人と一緒に働

チャレンジシート　期待人材像目標

(1)一般職能：1～3等級

項目		1の段階（－）出来ていない	2の段階（＋－）60点　合格レベル	3の段階
①-1		利用者と笑顔で接することが少ない。	利用者と笑顔で接していることが多い。	利用者と
①-2	明るく生き生きと仕事をしている人	自分の仕事や同僚の愚痴や不満ばかり言っている。	愚痴や不満を言わず仕事に取り組んでいる。	建設的な
①-3		ブスッとしている、イライラしているなどによって雰囲気を暗くする。	笑顔やユーモアで周囲を明るい雰囲気にすることがある。	笑顔やユ
②-1		他人の失敗を非難する、他の職員を陥れる。	他人の失敗を非難せず、自分の仕事に専念し、余裕があれば他人の失敗をフォローしている。	自分の仕
②-2	協調性を持って仕事ができる人	他人の話を聞かず、自分の考えを押し付ける。	言い訳や逆ギレをせず素直に他人の話を聞く。	他人の話している
②-3		上司の意見を無視して自分勝手に仕事をしていることがある。	素直に上司の指示を守って仕事をしている。	上司の意伝えたり
③-1		他人をすぐに攻撃する。	他人を攻撃せず、他人の良いところに関する発言をすることが多い。	他人の良
③-2	人柄が良い人	「自分ばっかりしんどい」と公言し、周囲の人を認めない。	自分のしんどさをアピールせず、他人の辛さを思いやる発言をしている。	他人がとが多い
③-3		「ありがとう」「すみません」「よろしくお願いします」が言えない、言うことが少ない。	「ありがとう」「すみません」「よろしくお願いします」と言うことが多い。	「ありが人の（挨
-4		不都合なことが起こった時に、利用者や保護者、他の職員など周り	不都合なことが起こった時に、自分に非がないか考えた発言や行動をし	不都合な

きたい（一緒に働きたくない）のか、それを明確にしたものを採用基準や評価基準に織り込んで、実際の採用面接や評価面談の際に使用するツールに落とし込むという方法で、採用や採用後の定着につなげる支援を行ないました。

そして、現場のリーダークラスの職員を集め、実際に一緒に働きたい人を明確にする期待人材像の作成研修を行ないました。

研修は、以下の手順で行なっています。

①一般職員やリーダー職員等の階層別に、一緒に働きたい人はどんな人なのかを大きめの付箋に、各人ごとに書き出す。可能であれば、一緒に働きたくない人も別途書き出す。

②似かよった内容のものを集めてグルーピングする。

③一緒に働きたい職員像として5項目程度にまとめ直す。

④まとめ直した職員像ごとに、どんな言動をすれば評価されるのかをピックアップする。

⑤その評価項目を具体的な文章にまとめる。

⑥各評価項目ごとに、誰もがわかる評価レベルについて具体的な言動をもとに文章にする。

⑦面接シートや評価シートに反映する。

さらに、見える化を行ない、就業規則や経営計画書にも上記で作成した「一緒に働きたい職員像」を掲載することにより、よりよい採用の推進を図りました。

◎**期待人材像作成研修の効果**

職員には、どのような言動が評価されるかが明確になるとともに、「リーダーも指導しやすくなった」「取組みはまだ道半ばだが、リーダー層が確実に成長している」と実感しているようです。

（執筆：人本社労士の会・大阪／兒玉年正）

会社紹介で社風を伝える

◎社員と一緒に作成することでエンゲージメントを醸成

　経営理念を浸透させて一枚岩の組織をつくり上げるための効果的なツールが、ここで紹介する小冊子「ルールブック」です。

　これは、経営陣だけではなく、社員とともに毎年作成し、総会や経営方針発表会等で全社員に配布することが特徴です。朝礼や社員教育、採用時やお客様への説明等に活用できます。

　その内容は、まずは会社の理念やビジョン、行動指針といった会社が大事にしている価値観や、具体的な今年度の目標、中長期計画を示します。また、人材育成方針や人事評価制度、5年後の組織図等により、1人ひとりがどのように成長するかを、上司・部下で一緒に考える機会を設定します。

　あとは、社員教育用のページとして朝礼のしかた、予定と実績の管理、会議のルール等の仕事に関すること、社員が興味のある有給休暇や会社カレンダー、出産や育児・介護関連、扶養制度とは？等の法律にもとづくものを掲載します。

　これらは、ボリュームが多くなりすぎないといったルールがあるくらいで、どんな内容を掲載するのかも社員と一緒に考えます。会社からの一方的なメッセージとならないように、社員が知りたい情報を掲載することで、作成して終わりではなく、真に活用されるツールにすることができます。

　また、一緒につくり上げる過程で、さまざまなルールがなぜ存在するのか？　を考えるきっかけになったり、よりよい改善のアイデアにつながったりします。さらに、毎年の見直しで、より活用できるようにブラッシュアップしていきます。裏表紙には、個人目標やそのための行動、上司からのエール（期待すること）等が記載されており、いつでも確認できる状態になっています。

(実際のルールブックのサンプル)

◎採用時の会社紹介ツールとして活用

　中小企業が採用活動をする際には、会社を効果的にアピールすることが困難だったり、仕事を探している家族が不安に思ったりするといったことがあり、優秀な人材を採用しにくいという課題を聴きます。また、中小企業だから優秀な人材の採用や新卒採用をあきらめているという話も耳にします。

　しかし、会社を発展させていくには、経営者だけではなく、その右腕や左腕となる幹部社員が必要です。その課題解決に活用できるのがこのツールです。

　会社説明会や面接の待ち時間などに、これを自由に閲覧してもらい、面接等では伝えきれない情報や、応募者がほしい情報を伝達することができます。評価制度や賃金テーブルを載せることで、自分自身の将来設計を立てることもできます。

　たとえば、新卒学生からの声として、「採用条件は書いてあるが、どのくらい昇給するのか不明な企業が多いなか、自分の給与が具体的にイメージできていいですね！」という肯定的な意見もいただきました。家族に見ていただくことで、就職に対する安心感にもつながっているようです。

また、会社の理念やビジョン、中長期計画を具体的に示すことにより、待遇面で企業選びをするのではなく、理念に共感した社員の採用を行なえるようになるなど、理念が浸透した組織づくりに活用できます。

　さらに、内定者に事前に（入社前に）渡しておくことで、入社前から、経営理念や会社が大切にしている価値観等がセットアップされた状態で、入社の日を迎えることが可能となります。

（内定者による５年後のビジョンプレゼン）

◎株式会社中嶋組による活用事例

　経営者と社員が「同じ目線で同じ未来を描き、仕事をしたい！」と考えている経営者や幹部の方はたくさんいます。社員向けの会社オリジナルの手帳をまとめたいという話も聴きます。

　しかし実際には、何から始めていいのかわからず、よいこととはわかっていても、なかなかスタートを切れないという人がいます。

　そんな悩みを聞いたので、ここで紹介したルールブックを提案したところ、すぐに作成された会社があります。

　令和４年現在の社員数は10名以下ですが、技能五輪で全国ベスト

8に入賞する等のトップレベルの技術力をもち、「安心という安全」を提供し続ける、鳶職の株式会社中嶋組が富山県にあります。

中嶋組の中嶋康太社長は、会社の成り立ちや想いを共有したい、就業規則やマニュアル、緊急時対策、そして評価制度等をまとめた会社のバイブルを作成したい、との思いからこのルールブックの作成を実践しました。

「社員と一緒に作成していく過程で、社員目線と会社目線の違いを認識してお互いが歩み寄ったり、よい職場環境をともにつくっていくという意気込みを実感したりして、社員の成長が感じられました。手帳サイズなので、いつでも見て意識できることや、新入社員へのルール説明等の時間も短縮できます。また、社員が判断に迷ったときの羅針盤として、誰でも同じ基準や品質になればと期待しています」とのコメントを中嶋社長からいただいています。

あなたの会社でも、ここで紹介したルールブックのような会社紹介を活用して、理念の浸透を加速させていきましょう。

（株式会社中嶋組での打合せ風景）

（執筆：人本社労士の会・富山／水野浩志）

働き方改革時代の新しい福利厚生「クラブ活動」

◎風通しのいい職場をつくる

　ふだん顔を合わせない部署間では、対話の機会がなく、関係の質が低下し、良好な職場風土の形成に支障をきたすということが起きやすくなります。そうしたコミュニケーションエラーを防ぎ、社員同士が仲良くなるために、「クラブ活動」をサポートしている会社があります。

　日本最大級の中古・再生の業務用ＩＴ機器の総合サービス業を、東京で展開している株式会社ゲットイットでは、現在、8つのクラブが活動しています。

　代表者の廣田優輝社長は、10年前から、人を大切にする経営を実現している「いい会社」に学び、これはいいと思った他社の取組みを、自社に取り入れることを熱心に繰り返しています。

　このクラブ活動は、人本経営のレジェンドである未来工業をベンチマークしたときに、同社で70ものクラブが設立され、社員の趣味を奨励していることを知り、さっそく、社内コミュニケーションの活性化に役立ちそうだと、社員たちに活動の支援を宣言して始まりました。

◎現在、8つのクラブが活動

　クラブは、業務外にやりたいことを提案し、部員を4人集めれば発足でき、1か月に一度は活動することを条件に、活動費として1クラブにつき毎月1万円ずつ支給されます。

　現在、活動しているのは、次の8つのクラブです。

● 資格部（資格取得の相互支援）
● 卓上遊戯倶楽部（テーブルゲーム）
● 羽球部（バドミントン）

- 猿（サル）＆ダイエット部（フットサル・ボルダリング）
- 撞球＆投矢部（ビリヤード＆ダーツ）
- 映画部（映画鑑賞）
- 蔵部（日本酒を嗜みつつ知識を深める）
- 語学部（語学の勉強会）

◎ユニークな活動を展開中

上記クラブは、それぞれ社員たちが、こだわっている趣味や関心ごとをそのままクラブ活動にしていて、ユニークなものがとても多いです。

いちばん最初に設立されたのは資格部です。何かしらの資格取得をめざす社員が集まって、お互いに励まし合ったり、情報交換したり、自習することが活動内容となっています。

資格部を発足させたのは、実際に資格の勉強をしていた社員でした。社会人になってからの勉強となると、時間のやり繰りやモチベーションの維持に苦労していたそうで、きっと、こんな思いをしているのは自分だけではないに違いないと考え、社内で声をかけたところ、トントン拍子に5人集まり、クラブが発足しました。

ファイナンシャルプランナーや漢字検定、ロジスティクス管理といった資格を、メンバーそれぞれがめざし、発足後、実際に資格取得に成功した社員も続出しています。

もっとも活動が活発なのは、卓上遊戯倶楽部で、自称「アソブ」。この部では、世界中のボードゲームについて学び、実際に遊ぶことが活動内容です。

ボードゲームというと、モノポリーが頭に浮かびますが、クラブの部長社員によると、毎年1,000個のペースで新作が生まれているらしいです。

ボードゲームは、頭を使い、顔を突き合わせて会話しながら遊ぶため、初めて会った人とでも年齢・性別関係なしに活動できるので、仲良しになるにはもってこいだということです。

蔵部もユニークです。毎回講師を選定して、各自好きなテーマを決めて、日本酒の知識を深めることが活動内容だといいます。

1万円の予算があれば、自分では手に入れにくい銘酒をゲットすることも可能となります。これは、日本酒が好きな社員にはたまらないかもしれません。

蔵部の活動の模様は、同社のホームページにアップされていますが、まるで玄人のような品評が行なわれています。

もっとも最近につくられたクラブが語学部です。外国語を学びたいけど、1人だとついつい怠けてしまう人のためのクラブ活動ということです。

英語、中国語、スペイン語、ドイツ語、スウェーデン語、フランス語…など、勉強する言語はさまざまですが、モチベーションをキープしあいながら勉強できたらというのが、部発足の企画をした社員の思いです。

語学部では、会社のブログに各自が学んでいる言語でアップしていくことにしているそうで、現在、最初のテーマとして「自己紹介」を行なっているようです。

◎ビフォーアフター…クラブ活動による変化

クラブ活動をしている社員からは、以下のようなコメントが寄せられています。

「けっして会社で仕事をしているときには見えることのない一面がみられて、**相手との距離感が一気に縮まった**」

「そのメンバーの**人となりの新たな発見があった**」

「クラブ活動を通してその人を知ることで、仕事のなかでは、こういうふうな伝え方がいいかなと考えるようになり、**コミュニケーションがとりやすくなった**」

「クラブ活動中は、みんな絶対に笑う。これがとてもいい。**本当にいい笑顔になるのです。**」

「部活がある日は、**モチベーションが上がります**。残業しないよ

＜卓上遊戯倶楽部（アソブ）の活動風景＞
楽しく真剣に盛り上がり、ぐっとお互いの距離が近づく！

うに、効率よく仕事を切り上げようとしている自分がいます」

「会社に行くことそのものが、楽しくなった」

まさしく、関係の質がとてもよく高められているということがうかがえます。

働き方改革で残業削減を実施している職場が増えていると思われますが、減らした残業時間を使って、社員が好きなことに夢中になれるようなクラブ活動をサポートしていくことは、これから思いのほかパワハラ無縁の組織風土づくりに貢献していくのではないでしょうか。参考にしていただけたら幸いです。

ピラミッド型組織からフラット型組織へ

◎フラット型組織への改革を進める社労士事務所

　私は、北海道札幌市で社会保険労務士業を営んでおり（会社名は「ベンチャーパートナーズ社会保険労務士法人」）、社員は30名います。会社は創業から22年目となりますが、経営の体制はこれまで、管理者のいるピラミッド型組織でした。

　そんななか、2021年からこの体制を改め、上司と部下のない形を導入したいと思い、役員やグループ長に相談し、全社員の承諾のもと、フラット型の組織へと変更しました。

　このフラットな組織とは、管理する人を置かない体制です。特徴は、すべての社員が自分で考えて行動していくというものです。

◎雰囲気の悪い社風を変えるための組織改革

　このフラット型組織を導入した理由は、管理職に部下からの質問や相談、教育業務が集中するあまり、お客様への対応がおろそかとなり、苦情が増えてしまったからです。

　また、その忙しさのために社内の雰囲気が暗くなり、人間関係も悪くなって、退職する社員を多く出してしまったことが理由です。

　この反省から、経営者として社員に対する姿勢を見直し、改善できる方法はないかと悩みました。

　社員からは、フラットな組織で会社が機能するのかという疑問や不満も出ましたが、管理者に集中している負担をみんなで分担していこうという意見が上回ったので、管理者制度を廃止して、フラット型組織へと転換しました。

◎委員会制度の導入

　フラット型組織は具体的には、どの社員も何かしらの役割を担っ

＜各委員会の活動方針＞

1．教育の強化
2．残業時間の削減
3．社内当番を公平にし、継続的に実行するように管理する
4．社内の新しい取組みを継続的に実行するように管理する

	概　要	活動内容
社内委員会	社内での日常的な必須業務を管理していく。環境を改善して働きやすい職場をつくる。	社内環境の改善（コミュニケーションの強化）。業務が多い人のフォローをする。
業務委員会	通常業務と年次業務を計画し、進捗管理をする。業務システムを管理する。	各種手続きや年次業務の管理方法を決めて周知する。業務システムを皆が使いやすいようにする。
教育委員会	社内の研修の企画、資料作成を実施する。法律情報を発信する。	年次業務（年度更新、算定基礎届、年末調整）の研修会を企画。法改正関連の情報共有を管理する。
営業委員会	新規獲得客を増やすための取組みを企画する。顧客紹介を増やす取組みを企画する。	新しいサービスの企画。紹介してくださる企業との業務提携の推進。

ていくことが大事だということで、委員会という制度を設けました。
　委員会は、営業に関すること、業務の品質管理に関すること、教育に関すること、社内風土に関することに分けて、社員それぞれが希望のところに所属することとしました。

この委員会制度は、各委員会にはリーダーがいないため、誰に話していいのか、誰が対応すべきかが難しい点もありますが、それぞれが責任を持ち、何事も自分ごととして取り組む自覚が生まれたのではないかと感じています。

　また、社内にいる仲間に対して声がけすることが多くなり、コミュニケーションの量が増えました。声がけをすることで、どの社員も思いやりの気持ちが持てたことは、何よりも弱い者を排除したり、疎外したりしようとする「ハラスメント」は起きないものだと考えます。

◎フラット型組織の効果

　人間は弱い生き物です。ついつい心ない発言や、冷たい態度が相手を苦しめたりしますが、そういったことを生み出す、行き過ぎた会社経営のあり方を見直すことが大切であると感じています。

　ヒエラルキー組織が悪くて、フラットな組織がよいということではないのですが、どちらにも、よい点と足りないところがあります。

　それを知ったうえで、お互いの考えや能力が違うことを認め合う（受け入れる）ことが何よりも大切なことを、この組織改革で学びました。いちばん嬉しいのは、社内に笑顔がたくさん増えたことです。

　いま、私たちがめざしている「人を大切にする経営」の取組みのなかで、フラットな組織づくりには欠かせない「自立型人材」の育成が課題ではありますが、じっくりと時間をかけ、人が人たるに値する生き方や働き方ができるように、これからも進めていきたいと思います。

（執筆：人本社労士の会・北海道／山本祐一郎）

管理職全員で人本経営を学ぶ

◎人本経営との出会い

「もし、人本経営に出会えていなければ、今年どうなっていたかと思う。コロナの緊急事態宣言があったときに、社員には『雇用は守る』とすぐに宣言することができた。おそらく人本経営を実践していなければ、これを伝えることはできなかったのではないかと思う」

このように、未曽有のコロナ禍の最中にとった自分の行動を振り返るのは、大阪府西成にある宮脇鋼管株式会社です。

同社の宮脇健社長は、東京で開催されたＳＶＣ主催の「人本経営実践講座」の４期に参加されました。その後、２人の経営幹部も受講しました。

人本経営は、未来永劫発展していくために、すべての企業が取り組むべき根底や大前提の土台づくりの部分である、と認識できたといいます。そして、自分自身が学び、その大切さを知ったので、社内にも広めたいと社員に伝えたが、うまく伝わらないもどかしさを感じていました。

◎偶然に「いい会社」になることはない

何事も勉強しないと得られない。だから、学ぶしかない。そして、時間がかかることだとわかっているから、一気に進めようと思ったと、宮脇社長は決断します。

そこで2020年に、「人本経営実践講座」を自社で単独開催し、管理職27名が一堂に参加して学ぶという教育投資を行ないました。

コロナ騒動が風雲急を告げるなか、開講は２か月延期となり、ベンチマークに行く視察機会も完遂できていない状況でしたが、10か月にわたる合計約44時間の講義は、参加率96％という結果で修了し

ました。つまり同社では、管理職全員で延べ1,000時間以上、人本経営を学んでいたことになります。

最終回の講義では、受講者の成果発表で最後を締めくくります。

◎感動の成果発表

その発表会で多くの人が口にしていたのが、「家族、家庭を大事にするようになった」ということでした。人本経営は、いの一番に、「社員とその家族」の幸せ実現ですから、「関係の質」を向上させる人本実践の場として、多くの参加者が家族に対して行動して、手応えをつかんでいる証だろうと嬉しくなりました。

そして、部署内のメンバーとのコミュニケーション促進に取り組んだ結果、自発性が高まってきたリーダーも多くなり、確実に支援型リーダーがたくさん輩出されたという達成感を得ました。

たくさんの印象的なスピーチが続きましたが、特に印象に残った2人の発表について紹介しましょう。

「朝礼で下を向いている人がいなくなった」

この言葉から、端的にこの会社の状態がよくなっているということが伝わってきました。朝いちばんからマインドセットできている社員が増えているに違いないと感じさせられたからです。

「自分の息子を将来、わが社に就職させたい」

決定的だったのが、この発言をする社員が現われたことです。聞いていた社長は、経営者としてどれほどの喜びを感じたことだろうかと、筆者も胸が熱くなってしまいました。

なお同社は、コロナ禍の影響で2020年の上期（4月〜9月）は赤字でしたが、10月からの第3四半期以降、連続黒字となり業績はV字回復しました。

● 2021年度実績…売上 93億円／経常利益 7,000万円
● 2022年度予想…売上 115億円／経常利益 8億円

「ピンチはチャンスと一枚岩になれたのは、人本経営のおかげだ」と宮脇社長は目を細めます。

勝利ではなく幸せをもたらす人本経営

「どうすれば社員が辞めない会社になるのか」

この経営課題を克服したいと相談があり、社長も参加していただいて、6章で紹介した「社風をよくする研修」に取り組んだ会社が、大阪府寺田町にある株式会社ヘッズです。

同社が企画制作する、愛らしいラッピング商品は、全国のケーキ屋、花屋、雑貨店などの小売店にとって、売れ行きに直結する必須アイテムとして、商売になくてはならない、まさしく有効供給そのものとなっています。

◎業績堅調の陰で止まなかった社員の離職

同社の業績は抜群だったわけですが、急成長についていくことができずに、社員の離職が続いていました。ほぼ創業時のメンバーで、10年間いっしょに働いていた社員までが離職するに及び、暮松邦一社長は、はたと立ち止まり考えました。

「辞めていった人の人生を狂わせたのかも？」

「自分の人生の目的達成の手段でいいのか？」

悩み葛藤しているときに、拙書『元気な社員がいる会社のつくり方』に出会い、顧客満足の前に社員の幸福を考えることが何よりも大事だというメッセージに、「足りなかったのはこれだ」と、経営のカジを業績軸から幸せ軸へ切り替えることを決断しました。

◎本気度を込めた経営理念の改定

それから暮松社長は、社員が幸せになり、社員から支持され、成長する会社になるようにと、社是をズバリ「幸せ制作会社」に改めました。

社風をよくする研修は、幸せな職場づくりのために1人ひとりが

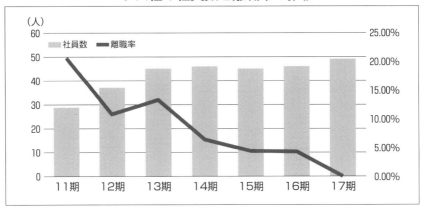

＜ヘッズ社の社員数と離職率の推移＞

考える場づくりとなり、劇的に風土改革に貢献していきました。

　すると年々、離職率は低下していき、数年が経つと、とうとうほとんど誰も辞めない会社に変貌していったのです。

◎**手間暇かけた取組みが絆を堅くする**

　暮松社長は、研修だけに依存することなく、社員とのエンゲージメントを高める活動も矢継ぎ早に実施しました。そのなかでも特筆すべき取組みは、「顧客訪問現場視察会の実施」です。

　全国に34,000社ある顧客の小売店へ、ご多用のなかでもあえて時間をつくり、社員数名と現場訪問を繰り返すという取組みです。

　同社のラッピング商品を購入しているケーキ屋さんなどに、わざわざ出向いていって、自分たちの商品がどれだけ役に立っているかということを実感し、お店に対しては、もっとこうしたらいいですよという助言やアドバイスをするという後方支援をしたのです。

　全国の小売店は、同社のファンばかりですから、その社長自らが来店してくれるということで、大変に盛り上がります。

　いま、地域のお店は、ネット需要におされ、経営的に厳しいところも増えていますから、これ以上ない応援団として歓迎されたというわけです。

◎高められた対話の質と量

訪問時に社長に同行するメンバーは、そのつど入れ替わります。会社から訪問するお店までの行き帰りの時間は、必然的に社長と社員の濃厚な対話の時間になります。

現場で、お店の方から期待を寄せられた社員は、「もっと、あんなことも、こんなこともしてあげたい」とモチベーションが高められます。

暮松社長も、「それは面白い、やってみよう」とすぐにサポートすることを決断できます。

手間暇はかかりますが、こうした即断即決の取組みは効果てきめんとなります。

◎職場にもたらされた変化

社員たちは明らかに変化した、と暮松社長は、以下の点を指摘されています。

● 商品を売るのではなく、お客様のために何ができるかを考え、喜んでいただけるように行動できるようになった
● 自発的に会議を開いて、会社やお客様がよくなることを話し合えるようになった
● 社長である自分と社員の距離感がより近くなった
● 本音で話のできる関係性ができた
● 社員たちが会社の雰囲気、盛り上げムードを大切にするようになった

経営のカジ取りを変えるときに、「幸せ制作会社」という社是を掲げたことは、勇気がいったことだったろうと推察します。

しかし、いま、多くの企業がヘッズ社にベンチマークに訪れるようになり、まさしく、働く社員から幸せを感じられる素晴らしい状態だと称賛を浴びるようになりました。

＜得るものは勝利ではなく、幸せ＞

過去	現在
売上中心主義	**幸せ制作会社**
・戦略主義	・利他主義
・ターゲット	・三方よしの精神
・勝つか負けるか	・みんなが幸せになる

　暮松社長は、過去の会社といまの会社を上図のように振り返っています。

　業績はよかったものの、切ったはったと落ち着かなかった過去に比べ、現在は、心から会社経営をしてきてよかったと実感される日々となっています。

　このことは、とても重要です。

　勝つためにではなく、みんなが幸せになるために「いい会社」になっていくのです。

　そして、そのことが、持続可能性を高めます。社員が辞めなくなったヘッズ社では、新卒の募集をすると、その社風のよさにあこがれて学生たちが殺到する、就職したい人気企業になりました。

　狭き門を潜り抜けてくる新卒者は、この「幸せ制作会社」という経営理念に共感共鳴し、絶対にここでしか働きたくないというメンバーばかりです。

　堅調な業績に加え、社員が辞めなくなり、やる気に満ちた新人が年々増え続ける同社は、確実に永続の道に入ったといえるでしょう。

人を大切にする人本経営改革物語

◎幸せ軸経営に導かれた優良書籍との出会い

長野県佐久市に株式会社西軽精機という会社があります。従業員数32名の医療機器部品などを製造する会社です。代表取締役は2代目若手社長の上原大輔さんです。

以前は、業績を上げることが企業経営のめざすところという考え方で経営をしていたそうで、離職者も当たり前のように発生していました。

日本中に危機をもたらしたリーマンショックのときに、上原社長の会社もやはり大変になったそうです。

従業員が帰ったあとの工場で、上原さんはひとり「なんで俺が1人で仕事をこなしているんだ。社員はどうして協力してくれないのか？　会社がつぶれてもいいのか？」と怒りがわいたそうです。

◎『日本でいちばん大切にしたい会社』との出会い

そんなときに上原さんは、坂本光司氏著の『日本でいちばん大切にしたい会社』という書籍に出会いました。

読んでいくうちに自分の経営がいかに間違っていたのかを、社員を大切にしない会社に未来はないことを思い知ったといいます。

上原さんは社員たちに、「いままで自分の経営方法は間違っていた。これからは社員を大切にするいい経営をします」と謝りました。

社員は信じてくれたのか、疑っているのかわかりませんでした。でも、とにかく社員を大切にし、社員の幸福につながると思うことを、愚直に実施してきたそうです。大事な局面では、「誰も解雇しないから安心してほしい」と社員全員に伝えました。

上原さんが、業績軸から社員の幸せ軸に経営の方向を変えてからの軌跡を、次ページ表で紹介します。

＜社会情勢と上原社長、西軽精機社の歩み＞

2008年	リーマンショック
2011年	社長就任
2012年	『日本でいちばん大切にしたい会社』を読む
	冬賞与から全社員、面談開始
2014年	坂本光司先生講演会参加。『経営者の手帳』を読む
2015年	職場環境改善の設備投資実施
2017年	社員意識調査実施
	35歳以上、人間ドック補助。全額会社負担
	オリジナルプレミアムフライデー開始
	全社員、養老保険加入
2018年	社員持株会制度開始
2019年	地元の児童養護施設に寄付。毎年、決算賞与と同じ額を寄付する
	役職をなくしフラットな組織に変更
	毎日、社長が全社員に朝の挨拶しにまわる
2021年	全社員、ガン保険加入
	新経営理念をつくる 「自分と自分に関わるすべての人を幸せにする」
	年次有給休暇の消化率80％を達成。
	60〜70歳定年制度実施 （60〜70歳の間ならいつ定年退職してもよい制度）
	1日7時間労働制実施 （退社の定時は17時30分だが、仕事の終わった人は16時30分に帰ってもよい制度）
	月1回の品質会議でのグループワーク
	ありがとうカード実施

　業績を上げることは、会社存続のために必要ですが、目的ではありません。しかし、社員の幸福を追求すると、業績等も上がったと

いいます。

◎社員に伝わったぶれない思い

　上原さんのぶれない信念からの行動により、想いはやがて社員にも伝わりました。信頼関係ができたのです。以前は、怒ってばかりだったという上原さん。怒るのもやめたそうです。最初のころは、「最近、全然怒らないけど、社長、大丈夫？」と社員から総務に問い合わせが来たとか…。

　社内の風通しもよくなり、以前とは同じ会社とは思えないほどの変化を遂げています。風通しのいい会社にセクハラ・パワハラ等のハラスメント問題も起こりようがなく、いつの間にか人事労務関係のトラブルも消えていったそうです。

　このことは、信頼関係のある会社に人事労務トラブルはほぼ起きないことを立証しています。たとえトラブルの火種が発生しても、解決できる風土が育っているからです。

　上原さんとこの項の筆者である甲谷は、「人を大切にする経営学会」の主催する人財塾の同期生です。この講座は、社会人が人を大切にする経営を学ぶ講座です。社員の幸せを企業経営の目的にすえた会社がどのように発展していくのかを具体的に知ることができ、上原さんには感謝しています。

　そして、いい会社への変身を遂げ、さらに、変化し続けている会社の軌跡をここで紹介できるのはとても光栄です。

　西軽精機では、これから社員とともにつくる就業規則に着手します。会社が社員に押しつける規則ではなく、みんなのルールをみんなでつくるのです。

　その就業規則には、きっとハラスメントに関してこまごまと記載する条項は必要ないだろうと思います。「制度より風土」をつくる。これこそ最高のリスクヘッジではないでしょうか。

（執筆：人本社労士の会・神奈川／甲谷博子）

協力会社とともに学ぶ

◎下請けとは呼ばない！「いい職場をつくりましょう！」

「創業以来、がむしゃらに売上をつくってきました。社員も３倍以上に増え、念願の自社ビルも建てて、さあ次の目標は何にしようかと考えたときに、いちばんに思い浮かんだのは『社員とその家族の幸せ』でした。それと同時に、協力会社の皆さんに支えてもらっていまがある、今後は『三和ホームと仕事をしたい』と思ってもらい、協力会社と一緒に繁栄したいと思っています」

そう語るのは、福岡の株式会社三和ホームの山畑勝也社長です。

リフォーム工事の現場は、いわゆる「下請け業者」も一緒に仕事をします。三和ホームでは、下請け業者と呼ばずに、「協力会社」と呼びます。仕事に上も下もないという考え方です。

この業界は、「職人気質」「荒っぽい」「不愛想」「コミュニケーションが苦手」な人も多く、お客様から「態度が悪い」とクレームが入ることもしばしばです。

三和ホームでは、全社員を対象に、挨拶の徹底、マナー研修などを実施していましたが、現場は協力会社が多数出入りし、日々メンバーも入れ替わるため、現場のマナーは思うように改善しませんでした。

また、常に命の危険と隣り合わせの仕事なので、危険な場面では声を荒げることも少なくありません。適切な指導を超えて、思いがけずパワハラを引き起こす可能性もあると、山畑社長は内心気がかりでした。

実際、山畑社長自身もパワハラ予防や部下指導に関して体系的に学んだことはなく、自社の社員に、ましてや協力会社にどうやって予防や改善を促せばいいのかと悩んでいました。

◎自社の「パワハラ予防・部下育成研修」に協力会社も参加

そこで、自社の年間研修を「パワハラ予防」「部下育成」「関係の質向上」をテーマに実施することにしました。

当初は、自社の管理職以上の10名で実施する予定でしたが、三和ホームの職場は現場であり、ともに働く協力会社も一緒に学べば、現場のマナーが向上し、クレームも減って、全体の雰囲気がよくなるのではないかと考えました。

合同研修の案内チラシをつくり、協力会社にも声をかけました。

すると、予想を超える参加希望があり、「自社では実施できないので助かる」「ぜひ学びたい」と喜びの声が多く寄せられ、みんなで学ぶ勉強会が始まりました。

◎現場の雰囲気がよくなると顧客満足度が上がった

研修では、パワハラについての基礎知識から、エニアグラムでの自己理解・他者理解、怒りのメカニズム等を学び、和気あいあいとした雰囲気に包まれ、回を重ねるたびに関係性の質がよくなり、職人たちに所属を超えたチームワークが形成されています。

リフォーム施工後のお客様アンケートのよかった点について、「挨拶が気持ちよかった」「職人さんたちが笑顔で親切。対応もよかった」など、工事の仕上がりよりも、職人たちの姿勢や態度をほめる内容が多くなり、顧客満足度は上昇しているそうです。

研修により、職場の関係性の質が向上すると、職場の風土はよくなり、お客様に接する行動が変わります。

パワハラを恐れるどころか、自然に業績が向上するうれしい副反応もあったのです。

（執筆：人本社労士の会・福岡／猶嵜博子）

「社長の奥さん応援講座」の開催

◎女性元気！ 会社元気！

　「社長とともに常に会社を支えているのは、奥さんあなたなんです！」このタイトルで、私たちの事務所が主催した「社長の奥さん応援講座」の第1回が始まりました。この講座は、当時のスタッフ（現：株式会社人づくり・学び舎 代表取締役 浦井啓子さん）が発案し、事務所全体で講座の企画を考えて運営してきました。

◎「社長の奥さん応援講座」が開催に至った理由

　私たちはこう考えています。会社を根っこでしっかり支えているのは社長の奥さんです。社長の奥さんが元気になれば、会社も元気になります。とはいっても、社長の奥さんの仕事内容は多岐にわたり、いろいろな実務知識やスキルが要求されます。しかし、そのような勉強をする「時間」も「場」もないのが現状ではないでしょうか。社内で次々に起こる問題に、どうしてこうなるの？　とか、自分には荷が重すぎると落ち込んだり、会社の経営に携わる立場だからこそ、さまざまな悩みがあるのは当然です。

　そんなときに、同じ立場の友人に愚痴を聞いてもらったり、相談できる場があるのは、とても価値のあることだと考えます。社長を実質的に陰で支え、社員間の潤滑油として活躍する社長の奥さんたちが、より効果的にその役割を果たし、かつ、奥さんたち自身が輝くことで、会社がより活気づき生き生きと発展すると考えています。

◎参加者の気づきと感想

　以上のようなコンセプトで始まった「社長の奥さん応援講座」ですが、参加者の皆さんの感想を少し紹介しましょう。

　「同じ立場の人間が、他人には話せない部分を共有し、同じ目線

で講座に参加でき、さまざまな意見交換ができた」「テーマが多岐にわたっていて、自分からは選ばないテーマの講座もあり、自分自身の幅を広げる入口として、とても魅力がある」「自分の時間が持て、心にゆとりができ、気分転換になる」「社長の気持ちに寄り添えることができるようになった」「講座で学んだことを会社に持ち帰って実践できた」「講座でワールドカフェをして、会社や業者会でも実践。いろんな意見が聞け、その意見が会社をよい方向へ導いてくれていると思います」「自信が持てなくてやめたいと言っていた社員が複数いたが、最近は積極的に仕事をするようになった」等の感想をいただきました。

　講座は、毎月さまざまなテーマで開催してきました。具体的には、「心理学」「コーチング」「食育」「美容」「ブログ・ＨＰ」「財務」「人事・労務」等です。また、メイン講師としてコスモ生涯学習アカデミー主宰の尾山敦子先生に、「人間力アップセミナー」と題して、社長の奥さんとして、１人の人間として、しなやかに賢く力強く生きていくための力を身につける講座を開催しました。

◎パワハラ防止に重要な役割を果たす社長の奥様

　この講座を通して「学び」と「交流」が実現でき、受講生である社長の奥さんの意識・行動が変わり、その結果、社長との関係性、社員たちとの関係性の改善に役立てたものと実感しています。

　また、昨今のパワハラ問題の予防にも、社長の奥さんの果たす役割はとても大きいと考えています。就業規則の整備やパワハラ研修等も重要ですが、「制度」よりも「風土」、その会社の企業風土がよい状態かどうかが、より重要だと考えています。

　それに、社長の奥さんが果たす役割は、日々の社員とのコミュニケーション、社長の相談相手、社内のムードメーカー、社員のお母さん役等多岐にわたります。そんな社長の奥さんの意識や行動が講座で変われば、パワハラ予防にも大きな効果があるものと考えます。

（執筆：人本社労士の会・富山／中島武司）

間違いだらけだった高齢者の雇用

◎雇用延長された社員の労働条件はこれでいいのか?

「60歳定年になった後に、雇用延長される社員たちが、決してい
いとはいえない労働条件で働いていることに、このままでいのだろ
うかと疑問を感じています」

先代が業績軸で成功した会社を引き継いだある有名な企業の後継
者の言葉です。きわめてまともだと感じました。

同社では、数年前から人本経営の重要性に気づき、「幸せ軸」に
経営をシフトさせる取組みをしています。

定年に関しては、高年齢者雇用安定法という法律が中心となって
わが国の基準体系となっています。

冷静に考えれば、これが企業から活力を奪うひどい法律だという
ことに気づかされます。この法律のせいで、60歳以降に勤務する労
働者は、恩恵的に雇用が延長されているのだという意識が企業社会
にまん延していってしまいました。

そして実務家である社労士も、疑問を感じることなく雇用延長コ
ンサルティングをして、定年で60歳になったら給与を見直し・減額
し、雇用形態は嘱託にしていくことが正解と企業を導いてしまって
いるのです。

これまで長年、会社に尽くしてきた功労者に対する処遇としてい
かがなものか、というこの会社の社長の気づきは、この会社が本当
に人を大切にする会社づくりをしていく決意をしていると確信に変
わりました。

「わが社もかつては、ブラック企業とネットに書き込まれたこと
もあります。長時間労働、パワハラなど、そう言われてもしかたが
ない状態でした。もうあの時代には絶対に戻りたくない」

その社長は、強く語っていました。

◎高齢社員の労務管理で、人を大切にする会社かどうかがわかる

この会社を視察したことにより、企業で高齢者社員の労務管理をどうしていくかということは、これから人を大切にする会社なのかどうかを見きわめる最大の試金石になってくる、と大いなる学びがありました。

高齢者雇用というと、経営面においてはマイナスのイメージととらえがちですが、これは根本的に間違えています。高齢者雇用のメリットを考えた会社づくりが重要です。

高齢者の社員は、なんといっても豊富な経験に裏打ちされた専門性の高さがあります。技能を伝承し、ノウハウをきちんと後輩に伝えていくことが実践されることは、会社にとって大きな財産になるということは明白です。高齢者をぞんざいに扱っていては、スムーズな伝承は期待できません。

◎現役世代に与えるモチベーション

若い社員たちは、明日のわが身をそこにみています。高齢者が尊重され、生きがいをもって働いている姿をみれば、この会社で生涯働き続けていくことに対するモチベーションは、相当に高められることでしょう。逆に、不遇な高齢者社員ばかりということになれば、転職を考える大きな動機になってしまうかもしれません。

さらに、高齢化社会のニーズを発見し、有効供給を実現することができるのは、当事者である高齢者だという厳粛な事実も看過できません。これからもっと活躍してもらう場面が増えてくるのです。

ですから、高齢者社員を大切にしていくことは重要です。人本経営を志すならば、定年は廃止してしまうか、70歳まで引き上げることを目標にしたいところです。

職業人生の最後をどう生きるか、自らが選択できるルールにして、尊厳をもって働いてもらう会社づくりをめざしましょう。

「機器類個人購入制度」の実施・運用

◎「機器類個人購入制度」とは

　大阪府茨木市で特殊鋼鋳造業を営む辰巳工業株式会社が行なっている「機器類個人購入制度」を紹介しましょう。

　同社では毎年、経営者である辰巳施智子会長が中心となり、「社員への思いと取組み」のテーマを掲げ、「①安心して働くことができる」「②向上心を満たすことができる」「③仲間意識をもてるようになる」「④職場や会社に誇りをもてるようになる」の4つの分野に波及できる実施項目を掲げて実践しています。

　毎年30程度の施策が講じられていますが、そのなかに「機器類個人購入制度」というものがあります。

　その制度は、日常業務で、こんな道具や機器類があったらいいなというものを社員に考えてもらい、会社として購入を支援していくという取組みです。

　この制度の概要は以下のとおりです。

辰巳工業の機器類個人購入制度

＜目的・趣旨＞

　日常の生産活動をより快適にするために、既有の機器に加え（とは別に）、個人又はグループは、その自主裁量でこうした目的に適う機器類を購入することができる。

＜適用対象者＞

・辰巳工業の全社員

・入社2年未満の社員は、購入したい品目を決定するに際し、直属上司に相談すること

＜購入対象となる機器類＞

　以下のような項目に合致する各種機器類（工具、事務機器などを含む）とする。

・「こんなものがあれば、安全の確保がよりしやすい」

・「こんなものがあれば、作業をするのに便利である」

・「こんなものがあれば、作業環境が楽になる」

・「こんなものがあれば、もっと作業が楽になる」

・「こんなものがあれば、チームワークの向上に役立つ」

・「あるにはあるが、絶対数が不足。自分の手元にも置きたい」
　など

＜購入可能金額＞

　件数、品目数に係わらず、1名あたり総計20,000円を限度とする。

＜適用（購入）期間＞

　　　年　月　日　から　　　年　月　日までとする。

＜実施要項（手順）＞

1. 機器類の購入を希望する社員は、「機器類購入希望票」に必要事項（氏名、購入希望品など）を記入し、事務局に提出する。

2. 事務局は、上記の購入希望品の購入可否（是非）について、できるだけ早く提出者に伝える（提出者本人が機器類を購入する場合は購入代金を添えて）とともに、その内容を「機器類購入一覧表」に記入する。

3. 機器類の購入者（会社側で代行するも、提出者本人が購入するも可）は、所要の機器を早急に入手するとともに、その領収書を事務局に提出する。

4. 事務局は、「機器類購入一覧表」に追記するとともに、領収書を保管する。

＜その他＞

・機器類の購入件数や品目数については、1名あたり累計20,000円までであれば、自由である。

・個人ではなく、グループとして共同購入することも可能である。
・購入した機器類の所有権は会社に帰属する。
・目的に適う機器で、最優秀の提案・購入者は、○月の社内発表会時に表彰する

以上

辰巳工業では、この「機器類個人購入制度」を、快適職場づくりの一環として実施しています。ただし、常時実施しているわけではなく、その期の業績結果が良好な場合に期間限定で実施しているということです。

◎社内の絆感を高揚させる効果

ステークホルダーと親密さ・結びつき・絆・共感といったエンゲージメント度合いを高めていくことが、付加価値の高い企業体をつくりあげていく重要な要素であるとの認識が広がっています。

「人本経営」でも、このことは強く意識されるところです。特に、会社と社員、および社員同士との関係の質を向上させるエンゲージメントはことのほか重要です。

このことは本編でも解説させていただきました。

エンゲージメントを高くする12の要素についても取り上げましたが（136ページ参照）、その2番として掲げられているのが、「私は自分の仕事を正確に遂行するために必要な設備や資源を持っている」というものです。

「機器類個人購入制度」の説明をうかがったときに、これはまさにこのエンゲージメント2の取組みそのものだと驚いてしまいました。

辰巳工業では、エンゲージメントの考え方を意識しているわけではありませんでしたが、ビッグデータを解析した米国の調査会社が

２番目に重要と指摘した項目を、大阪の小さな工場が具体的かつ見事に実践していたのです。

　ここに、本質を追求する人本経営の確かさをみる思いがしました。

　同社の鋳物製造をしている現場は、真っ赤に燃えた溶鉱炉の前で若者たちが熱心にモノづくりに励んでいます。いわゆる３Ｋといわれる職場です。特に夏場は、現場の人間は汗だくになって働くことを強いられます。

　この「機器類個人購入制度」を導入した際に、辰巳会長は社員に感動させられたと話されていました。

　内勤の社員たちが、現場で苦労している社員たちに少しでも快適になってもらいたいと自分たちの購入可能金額を持ち寄り、冷却材・クールジェル等が入れられるポケット付きのクールマフラーなどの購入希望を申請してきたからです。

　自分たちではなく、現場の社員のみんなのために使ってほしいという気持ちがとてもうれしかったといいます。

　この機器類個人購入制度によって、まさしく職場でのエンゲージメント度合いが高められているということが確認できる素晴らしいエピソードです。

「改善提案制度」の実施・運用

◎人本経営に成功している職場で活性化する「改善提案制度」

　人を大切にする人本経営に成功している会社は、例外なく社内の風通しがよく、何でも言える組織風土が醸成されています。

　その前提として、社員１人ひとりが日々の仕事で問題意識をもち、「もっとこうしたら、よりよくなるのではないか」という改善意欲が引き出されることが求められます。

　そうした状況をつくり出そうと、「みんなで提案、身近な工夫」というキャッチフレーズで、改善提案制度を機能させている会社が未来工業株式会社です。

　改善提案の積み重ねで、労働時間は短縮していき、休日も増え、それでも生産性は上がっていくという同社の取組みは有名です。

　他社にはない徹底した差別化を実行するために、「日本でいちばん最初のことをしていこう」が同社の合言葉になっています。これを実現するために、社是では「常に考える」と掲げています。

　４章でも紹介したように、社員は差別化を図るため、電気設備の施工を行なう職人に、徹底的に近づいて仕事上の問題点を聞き出し、どんな些細なことでも常に考えて工夫を重ね、その要望に応え続けています。その結果、顧客満足度が高められ、絶大な信頼を得て、未来工業でなくてはならないという関係性が築かれて、いまの状況がつくられています。

　社員は顧客のことを熱心に考えています。では、経営者はいったい何を常に考えているのでしょうか。このことについて創業者の故山田昭男さんは、「どうやったら喜んで社員が仕事をしてくれるか。これこそが経営者が常に考えていかなければならないことだ」とたびたび語っていました。

　このような思いが土壌にあるので、社員から会社をよくするため

の提案が、次から次へと出てくるようになるのだと感じました。

この制度の概要は以下のとおりです。

未来工業の改善提案制度

＜目的・趣旨＞

社員の総意を発揮させ、業務上有益な改善提案を奨励することにより、経営の参画意識を高めるとともに、経営合理化への協力関係を促進することを目的とする。

＜報奨制度＞

●月次報奨

本社総務部に統括事務局が置かれ、そのもとに全国地区ブロックごとに提案委員が選任されて組織化した提案委員会によって、社員から提出された提案について報奨金を支給。

報奨は1から5等級にランク分けされていて、それ以外に参加賞がある。

審査基準は、効果・発想・努力・評価補正の4項目からなる審査基準表が設定されていて、それぞれの項目に5点刻みで5段階、すなわち5・10・15・20・25点を配点。

たとえば、発想の項目では、新味なし5点、少し良い10点、良い15点、相当良い20点、いままでに気づかなかった問題を掘り起こした25点、といったように尺度が示されている。この項目が4つあるので合計100点満点となる。

1提案につき設定された基準にもとづき、100点満点で得点が提案委員会によって評定される。

月次報奨金は次のとおりとなっている。

等級	1	2	3	4	5	参加賞
得点	95点以上	90・85点	80・75点	70・65点	60・65点	50点以下
報奨金	30,000円	20,000円	10,000円	5,000円	1,000円	500円

提案した内容が50点以下であっても参加賞はもらえるので、ひとつ提案すれば必ず500円が支給される。

●年次報奨

・優秀提案賞…部長会において、等級1・2級の提案を対象とし、審査、決定。報奨金は30,000円。

・多数提案賞…提案件数に応じて、次のとおり報奨金を支給。

件数	20〜29	30〜39	40〜49	50〜99	100〜149	150〜199	200以上
報奨金	5,000円	10,000円	20,000円	30,000円	70,000円	110,000円	150,000円

　同社を訪れると、過去に出された改善提案により改善されたことがわかる社屋の箇所が随所にあります。

　いい内容の提案であれば、感謝されて報奨金が支給され、採用されなかったとしても、参加賞が与えられ、それでも数多く出せばかなりの報奨金が支給されます。

　この改善提案制度が、同社の理念としている「常に考える」ことの浸透、そして何でも言える組織風土づくりに好影響が及んでいるだろうことは容易に想像できます。

◎実践してこそベンチマークの意味がある

　このように、他社の好事例をベンチマークしても、すごいなで終わってしまっては、会社はよくなりません。

　未来工業の改善提案制度の存在を知り、わが社でもやろうと行動したのが、東京銀座にあるL社です。

L社　提案制度

<目的・趣旨>

　給与と人の悪口以外、何でも提案可。採用、不採用に関わらず、改善提案1件につき500円支給。節約、改善、新製品など

随時募集。

　総務へフォーマット化された改善提案書を提出、もれなく社長へ回され、内容確認のうえ、所属部署へフィードバック。

＜改善提案書の工夫＞

　現状の問題点、改善策、その改善をした場合の効果についてコメントする欄が設けられている。至急対応希望の指定ができる。

　社内への回覧について、提案者が可・不可を要請できる。

　審査コメント欄があり、提案に対してどういう対応をしたかがメッセージされてフィードバックされる。

きわめてシンプルな提案制度ですが、L社は40数名の社員でありながら、年間600件を超える提案が出されています。回覧してもよいと提案者が示した提案については、社員全員にメールで共有化されます。それにより、こんなことを提案してもいいんだと改善提案制度の理解が進み、現状のように活性化していったということです。

この制度を実施する際に総務担当者は、愚痴ばかり出てきたらどうしようと不安だったそうですが、いま思っていることがダイレクトに社長に伝わるので、不満、不便が小さい段階で解消され、さらに改善されていくと、社員はより前向きになったということです。

もちろん、採用されないものもありますが、ではどうすれば採用に至るかという工夫をするようになる効果もあるといいます。

エンゲージメント要素の7番には、「仕事上で、自分の意見が考慮されているように思われる」とあります（136ページ参照）。こうした提案制度が活性化していけば、このエンゲージメントが高められることは言うまでもありません。

あなたの会社でも、ぜひ改善提案制度を始めてみましょう。また、制度はあっても活性化していない場合には、ここで紹介した事例を参考にして改善工夫を考えてみましょう。

助成金を活用してパワハラ撲滅

◎労務リスクのタネは水面下でくすぶっている

　社会保険労務士事務所を開業してから今日まで16年間、新規開業時の労務管理アドバイスや助成金の申請代行を経営の要としてきました。

　さまざまな社長とご縁をいただき、顧問をしてきましたが、従業員が10人未満の零細企業の場合、社長が「起業したい！」という熱い想いをもって事業を始めたものの、労務知識や管理にはまったく疎く、口約束で雇用し、社会保険に適正に加入せず、適当になんとなく給料を支払っているところから事業をスタートしているケースがよくあります。

　創業時は経費をいかに抑えるかといった点が気になるので、経費の大部分を占める「ヒト」に関わる部分をいかに抑えるか、という発想になる傾向があります。

　また、社長自身は仕事が楽しくいつもワクワクしているので、いくらでも働ける状態にあるからか、そんな自分の価値観を従業員にも要求します。「オレが若いころは、残業なんて概念はなかった！売上のためなら24時間365日働いたものだ‼」などと言ったりします。

　また、従業員よりお客様を大切にするため、単価を上げるより経費削減にばかり目がいき、「有給休暇？　働かないのになんでお金もらえるの？」「残業？　いつもタバコ吸ったり談笑したり、休憩しているようなもんだ。給料は払わなくてもいいのでは？」「休み？たくさん取ってもいいけれど、そんなに休んで仕事は終わるの？」といった相談をいただくことも多々あります。

　あげくの果てには、「価値観が合わない奴は辞めろ！　言うことを聞け！　俺に合わせろ！」などと時代錯誤の発言で、社長自身がパワハラ行動をしてしまい、経営において必要な人材を遠ざけてし

まうこともあります。

　こういった考え方は、水面下の労務リスクがあるにもかかわらず、たまたま訴えられなかっただけです。社長にカリスマ性と強運があっただけと言わざるを得ません。

　開業当初は、社員も社長と同じ「熱い想い」を持ち、会社を軌道に乗せたい、みんなでがんばって会社を盛り上げたい！　と社員一丸となって営業をしているので、問題は水面下にあります。

　しかしそれはいわば、氷の張った湖の上で経営をしている状況なのです。私ども社会保険労務士の立場からは、ヒヤヒヤすることも…。

　その一方で、従業員はスマートフォンやインターネットの普及も相まって、労務知識や情報にアクセスしやすくなり、権利意識が高まっています。

　会社の成長を一心にめざしている開業したばかりの社長たちからは、「従業員から有給休暇は使えるのかと言われたが、どうしたらいいか？」「やる気のないスタッフを辞めさせたい」「ちゃんと給料を払っているのに、残業代を請求された」などの相談も多くいただきます。窮地に立たされて、初めて制度を知ることも多いようです。

◎助成金活用をきっかけに「いい会社」づくりを促進

　上記のような相談に関する解決のために、私が提案しているのが、厚生労働省管轄の各種助成金の積極的な利用です。助成金は、国の労働に関する施策を実現するために支給されるものです。

　たとえば、非正規雇用労働者を正社員化することで受給できる「キャリアアップ助成金」（正規雇用１名あたり57万円支給）、母子家庭の母や、高齢者、障がいのある方、いわゆる就職困難者をハローワークから積極的に雇用することで受給できる「特定求職者雇用開発助成金」（１名あたり最大240万円）などがあります。

　助成金目当てで相談にみえる社長も多いのですが、そこが「いい会社づくり」のチャンスです！　助成金を受給するためには、どん

なにイラっとすることがあっても解雇厳禁です。それであればイラッとすることをなくせばよいのです。知らないことを労働者から突然言われるとイラッときますね。そこでまずは会社のルールブックである就業規則をつくりましょう。次に賃金総額を変えないで、想定外の残業代を請求されないように賃金設計をしましょう。

就業規則は運用が大切です。イラっときたら自社の就業規則を確認したり、社労士事務所に相談してください。特にウルトラCの解決策を提案するわけではありませんが、私たち社労士は社長の話をよく聴きます。イラっとする気持ちを人に話すと意外にスッキリするものです。

また、従業員に社員教育や資格取得支援を実施すると、助成金がもらえるものも多々あります。

開業当初は事業が軌道に乗るまで忙しく「従業員にキチンと教育をする時間がない」という悩みをよく聞きます。しかし、助成金の取得をめざすことで、自社に合ったオリジナルの教育訓練のカリキュラムを作成し、計画的に従業員教育ができるというメリットもあります。

その結果、従業員の質が上がり、会社の評判も上がり、売上アップにつながることも夢ではありません。「忙しくてできない」を助成金を使うことで「忙しいけど、やらなきゃ！」に変えることができるのです。

そうすることで社員が社長と価値観を合わせるコミュニケーションが生まれてくるのです。従業員が成長し、会社も成長する。そんなキチンと社員教育できるいい会社をつくることができるのです。

◎助成金受給にむけて、好循環を生み出す

助成金は返済する必要のないお金なので、企業経営には大きなメリットとなります。開業したての新人社長たちにとって、少しでも経営の助けになる助成金はとても魅力的であり、使えるのであればぜひとも使いたいところです。

しかし当然ながら、国が支給する助成金なので、法令を遵守し、労務管理をキチンとしていなければ、助成金は受給できません。就業規則や労働契約書の整備、給与計算の適正な実施などが求められます。つまり、否が応でもいい会社になっていくのです！

助成金の受給をきっかけとして、法令や就業規則のルールのなかで、いかに利益を上げるかを考える会社になっていきます。また、従業員がお金に見えてくるので、お金好きな社長ほど自然に従業員を大切に思えるようになります。その結果、従業員のモチベーションアップや離職率低下をめざす経営に、自然となっていきます。さらに、社員教育を行なうと、価値観を合わせるために「コミュニケーション」が有効だと気づき、社員とのコミュニケーションをとる機会が増え、経営理念を共有できるようになります。従業員は会社を好きになり、社長を好きになり、自発的に動くようになり、経営がうまくまわり始めます。

◎そして助成金不要の優良企業に脱皮していく

このように開業したての社長は、助成金をきっかけに時流に合った「人を大切にする経営者」へと変貌を遂げることができるのです。

助成金を受給しながら労務リスクを減らし、その結果いつのまにか会社がうまくいくようになる。そんな素晴らしい話はなかなかありません。助成金は国よし、労働者よし、経営者よしの"三方よし"の制度なのです。うまく助成金を使いながら、従業員を会社の、そして社長のファンにしましょう！

最初は助成金目当てでも、よい人材、よい職場風土をつくっていき、いまや30人、50人、100人と従業員を雇用し、事業拡大しているケースをたくさん見てきました。この規模の会社になると、社長の意識も変わり、法律を上回る制度を独自に導入して、従業員の幸せを考える「いい会社」になっています。会社のルールが国の施策を上回るため、助成金の申請は自然と減っていくのです。

（執筆：人本社労士の会・北海道／阿部秀樹）

再発防止に重要なパワハラ行為者へのケア

◎「心理的安全性がある職場」をめざそう

　A社とは、同社の労働災害防止を目的とした安全衛生活動の一環で、社労士として関与することになり、社員にとって安全で安心な職場づくりをサポートしています。

　私は、大震災を契機に社労士を志したことから、働く人の安全と安心に尽くすことが理念にあります。

　A社では、ハラスメントが起こらない職場風土づくりを大切にしています。具体的な取組みとして、日常的に挨拶や雑談ができる社員食堂、チームで取り組むスポーツフェスティバル、お餅つき大会、インフォーマル情報を共有する社員旅行、相互理解や対話を深める社員総会、社員面談といった、社員がお互いを知る人間関係づくりの場を継続しています。

　社員が自分の考えや気持ちを誰に対してでも安心して発言できる状態の職場（以下、「心理的安全性がある職場」といいます）を育もうとしているのです。

　そもそも、人を大切にする経営理念や行動規範を具体的に形にした職場は、職場風土の改善が進みます。同時に、長時間労働をはじめとした就業環境を改善し、やさしくたくましい自律した職場への発達をもめざすことになります。

　他方で、その改善過程で、過去に長時間労働等を当然とするような職場を経験してきた上司・先輩は、いままでの仕事のやり方や価値観を転換していく必要が生じます。

　このため、時として、部下・後輩と人間関係を十分に構築できないまま、お互いの認識や価値観にズレが生じ、ハラスメントに該当しないにしても、対話の進め方や態度によって、人間関係の問題に発展することがあり得ます。

◎未然防止につながる再発防止

　A社は、社員間で対話の進め方や態度によって何らかの問題が生じたときには、会社としてすべき適切な対処をしたうえで、不適切な対話や態度をした社員（以下「対象社員」とします）に、一定期間、見守りをします。

　対象社員には、ハラスメント研修だけではなく、人を大切にする企業理念、行動規範のほか、部下・後輩に対して、過去のレッテルやバイアスをいったんとりのぞき、人として関心をもち、存在を受け入れる等、いままでの固定概念を見つめ直す機会を与えます。

　実際に、半年程度の時間を与えた以降は、対象社員に同様の問題は生じていません。

　なお、会社は、パワハラ被害を受けているという社員である相談者から相談を聴くことは当然として、対象社員に対しても十分に話を聴く必要があります。会社が、対象社員に対し、線引きをしてしまい、対象社員が心の問題を抱える例も少なからず見受けられるからです。

　A社は、ハラスメント防止対応だけではなく、ほかにも改善できる課題がないか、検討していきたいということだったので、ハラスメントアンケートにとどまらない社員意識調査の実施を、私が提案したところ、同社はすぐに対応したことで、心理的安全性がある職場づくりがさらに前進しています。

　このように、万が一、ハラスメントや、それに該当しないレベルでも事案が生じたときには、会社として適切な対処をし、パワハラを受けている相談者はもちろんのこと、それを実施しているとみられる対象者に対しても、一層の関心を払うことを徹底して、未然防止以上に再発防止に向き合います。

　再発防止は未然防止につながり、それこそが持続可能な組織づくりに叶うと信じているからです。

（執筆：人本社労士の会・大阪／大輪有加子）

おわりに
社員が喜ぶほうに身の丈でできることを繰り返そう！

　数年前のことですが、島根県主催で地域の企業経営者に向けた「人本経営」の講座の講師を半年間、務めたことがありました。

　いま、地方で持続可能な経営を実践していくことは大変です。そのための答えとして、「人本経営」の重要性について、地域の経営者、経営幹部に気づいて行動してもらうことを目的として開催されたのです。

　講座では、いろいろな先進事例に触れ、参加者は相当刺激になったようです。

　「わが社はすでに、だいぶできている」という会社は少数で、「自社の現状とは、かなりギャップがある」と感じた会社が多かったです。

　それでも丁寧に、人本経営のやり方ではなく、「あり方」の重要性を説いていきました。

　講座の最終回は、成果発表ということになり、石見地区で小さな木工所を経営している社長さんのプレゼンの番となりました。

　残業なしで好業績を続けている企業の事例に触れて、「うちではとてもできそうにない」と感じたそうです。

　その会社は、まだ週休2日制にもなっていません。

　しかし、「あり方」に近づくということを思い出して、不定休だった土曜日について、せめて第一土曜日だけは定休にすると社員に伝えたそうです。

　また、誕生日有給休暇も実施していきました。

　すると、思った以上に社員たちが喜んでくれたため、社長は驚いたそうです。

　「本当に些細なことでも、社員のことを考えるのは大切だと思いました」とコメントされていました。

　これでいいのです。

この会社は、こうして幸せ軸に乗ることができました。

　自社にとって、身の丈でできる人本経営の「あり方」に近づいていくことを実践してください。

　そして、実施したことについて、社員が喜んでいるようでしたら、正解と判断してよいでしょう。反応がいま一つならやり方を工夫してみてください。

　これを繰り返すことで、数年先には、他社がベンチマークに来たくなるような会社に成長しているはずです。

　もちろん、「人本経営」を実践していけば、本書で繰り返し述べているように、パワハラなどの労働トラブルが発生する余地のない職場にすることができます。

　読者の皆さまの職場に、幸せそうな笑顔あふれる社員がたくさん増え、会社としての輝きを増していかれることを心から祈っています。

　「一燈照隅」（いっとうしょうぐう）という言葉があります。

　小さくとも隅を照らす存在になっていくことの大切さ、重要さを示しています。

　地域で人を大切にする「人本経営」を実践していくことは、まさしく、それを実現していくことに他ならないでしょう。

　そうした灯りが百になり、千になり、万になっていくことで、やがて国もさらに明るくなっていきます。

　「万燈照国」（ばんとうしょうこく）です。

　少しでも本書がその実現に向け、お役に立てるのならこれに優る喜びはありません。

　最後に、本書出版の機会を与えてくれたアニモ出版の小林良彦さん、そして、いつも献身的に支援してくれている家族や仲間に御礼を申し上げます。

小林　秀司

人本社労士の会とは

　人本社労士の会（ＪＳＲ）は、2017年に発足し、人を大切にする経営を世に広めていくことこそ、人事領域の専門家である社会保険労務士（社労士）の基本的使命であるということに共感し、その実務修練を行なっている社労士有志の会です。

　月例会は、毎月第１金曜日の14時～17時に行なわれており、これまでに50回（2022年２月現在）行なってきました。

　最新の人本経営の指導を実践できる実務能力を修得した実践的実務家の専門家集団です。

　人本経営を実践する際には、お近くの人本社労士を、成功に導く支援パートナーとしてご用命いただけましたら幸いです（右ページの会員リストを参照）。

【支援サービス】
●社員意識調査
●人本経営実践講座の開催
●社風をよくする研修の実施
●いい会社ベンチマークツアーの企画
●人本経営に関する顧問指導

【人本社労士の会事務局　所在地】
〒101-0048
東京都千代田区神田司町２－17　TAIICHIビル３Ｆ
株式会社シェアードバリュー・コーポレーション内
TEL：03-5259-7722

【ＪＳＲ「人本社労士の会」会員リスト】 （2022年3月末現在）

氏　名	事務所名	所在地
阿部　秀樹	社会保険労務士法人ホームラン	北海道札幌市
山本　祐一郎	ベンチャーパートナーズ社会保険労務士法人	北海道札幌市
水野　浩志	社会保険労務士法人LaLaコンサルティング	富山県高岡市
中島　武司	中島社会保険労務士事務所	富山県南砺市
物江　学	ひまわり社会保険労務士事務所	茨城県土浦市
池田　光代	Breath社会保険労務士法人	東京都武蔵野市
北村　博昭	ブレイスFP社会保険労務士事務所	東京都東大和市
戸國　大介	社会保険労務士事務所ライトハウス	東京都千代田区
杉山　貴仁	杉山社会保険労務士事務所	東京都杉並区
甲谷　博子	葉月社会保険労務士事務所	神奈川県川崎市
中筋　悠貴	株式会社天・地・人	神奈川県横浜市
鈴木　博	九段ヘッドオフィス	神奈川県横浜市
野口　正憲	社会保険労務士事務所ルネサンス	神奈川県横浜市
原田　幸彦	あおぞら社会保険労務士法人	神奈川県平塚市
加藤　大吾	理想組織研究所ひとラボ	三重県鈴鹿市
森島　大吾	いちい経営事務所	三重県伊勢市
小澤　知佐	社労士事務所F&B	愛知県名古屋市
北場　好美	OFFICE　KITABA　キタバ社会保険労務士事務所	奈良県橿原市
大輪　有加子	大輪有加子社会保険労務士事務所	大阪府大阪市
小柴　明郎	人本経営. 小柴社会保険労務士事務所	大阪府大阪市
兒玉　年正	リーガルブレイン社会保険労務士法人	大阪府堺市
福本　俊和	P-Brain社会保険労務士法人	兵庫県姫路市
藏岡　英樹	藏岡労務管理事務所	山口県山口市
日野　啓介	日野啓介社会保険労務士事務所	愛媛県伊予市
猶嵜　博子	社会保険労務士なおざき博子事務所	福岡県 糟屋郡粕屋町

小林秀司（こばやし　ひでし）

人本経営実践講座を全国で開催し、全国のいい会社をつくりたい経営者から絶大な支持を得ている、人を大切にする会社づくりのトータルプロフェッショナル。株式会社シェアードバリュー・コーポレーション代表取締役。1960年生まれ。大学卒業後、株式会社日本マンパワー等を経て1997年に独立し現職。2009年より法政大学大学院にて坂本光司教授（現・人を大切にする経営学会会長）に師事。その後、社労士として実務の世界で人を大切にする人本経営に成功するためのノウハウ研鑽に磨きをかけ、これを企業組織、法人組織を通じて、世に広めることに職業人生を賭している。人を大切にする企業視察件数は800社、直接、人本経営を指導した企業数は150社を超える。指導先では労働紛争は無縁となり、ステークホルダーとの関係の質が究極に高められ、福徳円満に永続していく組織づくりに成功する企業が続出している。「日本でいちばん大切にしたい会社大賞」の創設にも深く関わり、「四国でいちばん大切にしたい会社大賞」の審査委員長を歴任した。人本社労士の会主宰、内閣府委嘱・地域活性化伝道師。

著書に、『人本経営』（Nanaブックス）、『元気な社員がいる会社のつくり方』（アチーブメント出版）などがある。「月刊総務」にて「人本経営」をテーマに連載中。

ＵＲＬ：http://www.keieijinji.com/
（人本社労士の会については268ページ参照）

パワハラがない職場のつくり方

2022年5月20日　　初版発行

著　者　小林秀司・人本社労士の会
発行者　吉溪慎太郎

発行所　株式会社アニモ出版
　　　　〒162-0832 東京都新宿区岩戸町12 レベッカビル
　　　　TEL 03(5206)8505　　FAX 03(6265)0130
　　　　http://www.animo-pub.co.jp/

©H.Kobayashi 2022　ISBN978-4-89795-261-1
印刷：文昇堂／製本：誠製本　Printed in Japan

図解でわかる 労働法の基本としくみ

佐藤 広一・太田 麻衣 著　定価 1980円

労務トラブルを未然に防ぐためにも、雇用する人も雇用される人も知っておかなければならない労働法について、1項目＝2ページで、図解を交えてやさしく解説した入門実用書。

管理職になるとき これだけは知っておきたい労務管理

佐藤 広一 著　定価 1980円

労働法の基礎知識や労働時間のマネジメント、ハラスメント対策から、日常よく発生する困ったケースの解決法まで、図解でやさしく理解できる本。働き方改革も織り込んだ決定版。

人事評価制度の課題がこれで解消！

評 価 を し な い 評 価 制 度

榎本 あつし 著　定価 2200円

上司の負担も、部下の不満もなくなる画期的な評価制度の本。現実的な内容と、大胆に「評価」の要素を抜き取ったことからくるメリット、そしてこの制度の可能性をすべて大公開！

図解でわかる経営の基本 いちばん最初に読む本

六角 明雄 著　定価 1760円

経営理論の基礎知識、経営者の役割から経営管理の手法、実践的なマーケティングまで、イラスト図解とわかりやすい解説で、経営のことが具体的・体系的に理解できる入門経営書。